여행자를 위한 캄보디아어 회화

정영호 저

외국어도서전문
1945
문예림

여행자를 위한 캄보디아어 회화

초판 2쇄 인쇄 2018년 10월 5일
초판 2쇄 발행 2018년 10월 12일

지은이 정영호
펴낸이 서덕일
펴낸곳 문예림

출판등록 1962.7.12 (제406-1962-1호)
주소 경기도 파주시 회동길 366 (10881)
전화 (02)499-1281~2 팩스 (02)499-1283
전자우편 info@moonyelim.com
홈페이지 www.moonyelim.com

이 책은 저작권법에 의해 보호를 받는 저작물이므로 무단 복제·전재·발췌 할 수 없습니다.
잘못된 책은 구입하신 곳에서 교환해 드립니다.

ISBN 978-89-7482-445-7(13790)
값 12,000원

머 리 말

 낯선 캄보디아 땅에 첫발을 디딜 때의 당황하였던 기억들이 생각이 납니다. 크메르어는 자음과 모음이 세계에서 많은 언어 중 하나입니다. 어휘에 높낮이. 음의 길고 짧다. 작은 소리 자음에 큰소리 자음이 결합되며 변화되는 모음의 발음법, 써놓고 발음하지 않는 글자들, 자음과 자음이 아래 위로 결합되며 변하는 자음의 발음법 등...
이 책이 캄보디아에 관심을 가지신 분들께 과연 도움이 될 수 있을까요?
이 포켓용 여행필수 한 권만 지참하시면 여행을 하든, 사업을 하든 웬만한 어려움을 해소하는데 많은 도움이 되리라 믿습니다. 발음에 어려움이 많으므로 말하고자 하는 부분을 대화자에게 책을 보여주며 대화를 시도한다면 더 정확한 내용이 전달되리라 생각이 듭니다. 그래서 원어문의 발음을 기재할 때 가급적 원어의 소리와 같은 소리가 나도록 우리가 쓰지 않는 받침도 사용했습니다. 이 여행용 책자는 단어위주의 구성을 탈피해 외우기 쉬운 형태인 상황별로 구성하였습니다.
 이 책이 여러분의 캄보디아 여행의 좋은 벗이 되어 즐거운 여행이 되시길 기원합니다.
이 책이 발간되기까지 크메르어를 감수해준 인 딴쏘치읕 님께 감사를 드립니다.

정영호

목 차

자음, 모음, 발음의 특징	1~12
1. 인사	13
2. 전화	19
3. 공항	25
4. 환전	31
5. 택시 호텔	33
6. 식당	41
7. 약국	49
8. 병원	54
9. 관광	64
10. 쇼핑	78
11. 이발관	91
12. 스포츠	95
13. 계절	l05
14. 방문	112
15. 잡다한 문구	
A. 도움을 주고 받을 때	118
B. 연인들의 얘기	121
C. 긴급상황 발생시	128
D. 유용한 문구 모음	130
16. 그룹별 단어 모음집	144

ព្យញ្ជនៈ 뿌쫀찌네아 (자음)

K		Kh		ñ	
ក្កុ	ក្កោ	ខ្ខុ	ឃ្ឃោ	ង្ងុ	ង្ងោ
꺼	꼬	커	코	응어	응오

C		Ch		N	
ច្ចុ	ជ្ជុ	ឆ្ឆុ	ឈ្ឈោ	ញ្ញុ	ញ្ញោ
쩌	쪼	처	초	녀	뇨

D		Th		N	
ដ្ដុ	ឌ្ឌុ	ឋ្ឋុ ថ្ថុ	ឍ្ឍោ ធ្ធោ	ណ្ណុ	ន្នុ
더	도	터	토	너	노

T		B		P	
ត្តុ	ទ្ទុ	ប្ប	បោ	ប៉ុ	ព្ពុ
떠	또	버	보	뻐	뽀

Ph		M		Y	
ផ្ផុ	ភ្ភុ	ម៉ុ	ម៉ូ	យ៉ុ	យ៉ោ
퍼	포	머	모	여	요

R		L		W	
រុ	រោ	ឡុ	ឡោ	វុ	វោ
러	로	러어	로어	워	우어

S		H		Q	
ស៊ុ	ស៊ី	ហ្ហុ	ហ៊ី	អុ	អូ
써	쏘	허	호	어	오

ស្រៈ： 쓰라 (모음)

ា	ិ	ី	ឹ	ឺ
아 이어 에 이	아이 이~		어 으	어~ 으~

ុ	ូ	ួ	ើ	ឿ
오 우	오~ 우~	우어	아으~ 어~	으어

ៀ	េ	ែ	ៃ	ោ
이어	에 에~	아에 에	아이~ 에이	아오 오

ៅ	ុំ	ំ	ាំ	ះ
아으 어으	옴 움	암 옴	암 오암 아	에아

ុះ	េះ	ោះ		
오우 에	에 어	우어		

ស្រៈពេញតួ 쓰라뻰뚜 독립모음

ឥ	ឦ	ឧ	ឩ	ឫ	ឬ	ឯ	ឱ	ឰ
아이	아이	욱	아으	르	르	아애	아오	아오이

ពន្ទក 번떠

០ំ	ាំ	០់	ាត់	០ន់
어 우어	아 에아	얻 옫	앋 오앋	언 운

ាន់	០ស់	ាស់	០ល់	ាល់
안 오안	어 우어	아 오아	얼 울	알 오알

០ង់	ាង់	០ុំ	០ប់	ាប់
엉 웅	앙 에앙	어우	업 옵	압 오압

០ិះ	០ិច	ាច់		
에 이	읻	앋		

សំយោគសញ្ញា 썸욕썬냐

័យ	័រ	័ព	័ត្	័ន្	ធម
아이	에이	오아	압	앝	안 토아

ទណ្ឌបាត (រជាត) 로밭

ិណ		ិត
오아		오아 오아르

អាស្តាដ៏ 아쓰다

ដ៏		ក៏
더		꺼

ត្រីសាប់	뜨라이쌉
័ មូសិកទណ្ឌ	모쎄끄또안
័ ទណ្ឌយាត	또안나키읕

일러두기

1. 크메르 어에는 띄어쓰기가 없다. 한 순절이 끝날 때까지 계속 이어서 쓰기 때문에 발음 중 한자만 놓치면 전혀 발음이 안 된다.
2. 자음과 모음 뒤에 번떠는 자음 위에 점으로 표시되는데 발음은 짧고 강 하게한다.
3. " ៍ "안나키욷의 부호가 붙은 자음은 발음을 하지 않는다.

   កាណ៍ 이 글 짜는 깐이다, 한데 또안나키욷이 있어서 "까" 라고 발음한다.
4. 문장의 기본형은 영문과 비슷한 S + V + O 형태다.
   영문에서 형용사는 명사 앞에서 수식을 하나 크메르어는 명사 뒤에서 수식을 하며 숫자는 명사 뒤에 붙인다.

   예) 큰 집 - big house   프떼아 톰   ផ្ទះធំ

   아름다운 아가씨 - beautiful girl

   쓰라이 싸앝   ស្រី ស្អាត

   커피 한 잔   - one cup of coffee

   까페 모이 뺑   កាហ្វេមួយ ពែង

5. 과거형은 "하으이" 와 "반" 두 단어를 모두 사용할 수 있다.

   크념 루어너으 쁘놈뼁 반 뿌람츠남 하으이
   ខ្ញុំ រស់នៅភ្នំពេញបានប្រាំឆ្នាំហើយ ។
   ខ្ញុំ រស់នៅភ្នំពេញបានប្រាំឆ្នាំហើយ ។

6. 크메르 어의 자음과 모음 표를 볼 때 좌 우로 나누어 놓았다. 크메르어의 자음은 "어"계열과 "오"계열로 구성되여 있으며 모음과의 결합 시 "어"계열과 "오" 계열의 발음이 전혀 다르다.

អឃោស[3] 아코싸 라고 하며 "어" 계열로 분류

ក. ខ. ច. ឆ. ដ. ឋ. ណ. ត. ថ. ប. ផ. ស. ហ. ឡ. អ

꺼 커 쩌 처 더 터 너 떠 터 버 퍼 써 허 러 어

는 작은 소리 자음으로 좌측에 표시하였다.

ឃោស[3] 코싸 라고 하며 "오" 계열로 분류.

គ. ឃ. ង. ជ. ឈ. ញ. ឌ. ឍ. ទ. ធ. ន. ព. ភ. ម. យ.

코 초 응오 쪼 초 뇨 도 토 또 토 노 뽀 포 모 요.

រ. ល. វ

로. 로어. 우어 는 큰소리 자음으로 우측에 표시 하였다.

    K
좌   우   모음

ក្ក   គ្គ + ា   កា ការ គា គាេ

꺼   꼬   아   이어

    Kh

ខ្ខ   ឃ្ឃ + ា   ខា ខារ ឃា ឃាេ

커   코   아   이어

    C

ច្ច   ជ្ជ + ា   ចា ចារ ជា ជាេ

쩌   쪼   아   이어

7. 작은소리의 자음과 큰소리의 자음이 결합시 모음

"ា" (아. 이어) 발음은 "아"로 발음이 된다.

"ី" (리)의 발음은 "라이"로 변한다.

예) ក្រមា: 발음은 "끄로미어"인데 "끄로마" 발음
ក : 는 작은 소리 자음 / ម : 는 큰 소리의 자음이 결합됨.

ទស្សនា   កុមារ   សាលា   សម្រាក
뚜쓰니어   꼬미어   쌀리어   썸리윽
뚜쓰나   꼬마   쌀라   썸므라

8. 자음 "ប"에 ប+ា= បា 란 글자가 된다.

이것은 자음 "ហា"와 같다. ប+ា= បា 로 표기한다. (규칙)

9. 표기하고 발음하지 않는 단어의 예

ចិត្ត(쩓): 마지막 자음의 받침 "떠쫑떠"은 발음을 하지 않는다.

អ្នក(네아): 첫째 자음의 "អ"는 발음을 하지 않는다.

ហ្នឹង(능): 첫째 자음 ហ(허) 발음하지 않는다.

ចាំះ(짜): " ំះ " 는 발음 하지 않는다.

បច្ចុប្បន្ន(벌쭈우뻔): ច "너쭝너" 발음하지 않는다.

មិត្តភក្តិ(멀페아): 모음 에, "떠쫑떠"는 발음하지 않는다.

ថ្ងៃព្រហស្បតិ៍(틍아이쁘러호아): " ្បតិ៍ 버쫑버, 떼"는 발음

하지 않는다.

ឧស្សាហ_ (욱싸): "ហ 위에 ៏ "또안나키을"이 있어
ហ는 발음하지 않는다.

10. 자음과 쫑이 결합되며 변하는 발음의 예

ក្ម: 자음 꺼(k) 밑에 "머쯩머"가 결합되면 "Kh"
ក្មេង "크메잉"으로 발음한다. (끄메잉)

ក្ន: 자음 꺼 밑에 노쫑노 가 결합되면 " Kh"
ក្នុង "크농"으로 발음한다. (끄농)

ប្ល: 자음 버(B)의 밑에 로쫑로가 결합되면 "Ph"
ប្លែក "플라익"으로 발음한다. (블라익)

ផ្អ: 자음 퍼(ph)의 밑에 어쫑어가 결합되면 "P"
ផ្អែម "빠엠"으로 발음한다. (파엠)

ច្ន: 자음쩌(c)의 밑에 노쫑노가 결합되면 "Ch"
ដូច្នេះ "도우츠네"로 발음한다. (도우쯔네)

ស(써): 자음이 단어 끝에 쓰이면 "h"

ហ្វ(페): 자음h(h) 밑에 워쫑워가 결합되면 "f"

ហ្គ: 자음 허(h) 밑에 꼬쫑꼬가 결합되면 "g"

1. 인사   សួស្តី

ជំរាបសួរ	쭘리업쑤어	안녕하세요
លោក/ លោកស្រី	록. 록쓰라이	선생.부인
សុខសប្បាយ	쏙쌉바이	행복
ជាទេ?	찌어떼이	의문문끝말

안녕하세요 선생, 부인?
ជំរាបសួរលោក .លោកស្រី?
쭘리업쑤어 록 록쓰라이.

별고 없으시죠? 선생.
លោកសុខសប្បាយជាទេ?
록 쏙쌉바이 찌어 떼이.

만나 뵙게 되어 반갑습니다.
ខ្ញុំរីករាយណាស់ដែលបានស្គាល់លោក ។
크넘릭리어이나 다엘반쓰꼬알 록.

안녕하세요? 저도 반갑습니다.
ជំរាបសួរ ខ្ញុំក៏អញ្ចឹងដែរ ។
쭘리업쑤어 크넘 꺼 언쩡다에.

제 이름은 미스터 정입니다.
ខ្ញុំ ឈ្មោះ លោក ចុង ។
크넘 츠무어 록 정

인사 13

ខ្ញុំ	크념	나.본인
រីករាយ	릭리어이	기쁨. 행복
បាន	반	가능. 과거행위
ស្គាល់	쓰꼬알	알다. 이해
ឈ្មោះ	츠무어	성명
សូមទោស	쏨또	미안.죄송

당신의 성함은 무엇 입니까?

សូមទោសលោកឈ្មោះអ្វី?

쏨또 록 츠무어 어와이?

저는 한국사람 입니다.

ខ្ញុំ ជនជាតិ កូរ៉េ ។

크념 쭌찌읕 꼬레이.

캄보디아에 언제 오셨나요?

តើអ្នកមកនៅស្រុកខ្មែរនៅពេលណា?

따으 네아 목 너으 쓰록크마에 너으뻴나?

예 지난달 중순에 왔습니다.

ជនជាតិ កូរ៉េខ្ញុំមកពាក់កណ្តាលខែមុន ។

밭 크념 목 뻬아껀달 카에 몬.

당신은 무슨 일로 캄보디아에 왔나요?

លោកមកប្រទេសកម្ពុជាធ្វើអ្វីដែរ ?

록 목 쁘러떼깜뿌찌어 트워어와이 다에?

인사 14

អ្វី	어와이	무엇
មកពី	목삐	~에서오다
ប្រទេស	쁘러떼	나라
ណា	나	어디
ជនជាតិ	쭌찌얻	나라
កូរ៉េ	꼬레이	한국

저는 관광차 왔어요.

ខ្ញុំមកធ្វើទេសចរណ៍ប៉ុណ្ណោះ ។

크념 목 트워떼쓰쵸 뻔너.

당신은 누구이 신가요?

លោកជាអ្នកណា?

록 찌어 네아나?

실례지만 한번 더 말씀해 주십시오.

សូមទោសសូមនិយាយម្ដងទៀត ។

쏨또 쏨 니지에이 머동띠얻.

친구 미스터 송을 소개 할게요.

សូមណែនាំឱ្យស្គាល់ ពួកម៉ាកខ្ញុំលោកសុង ។

쏨나에노암 아오이 쓰꼬알 뿌마크념 록송.

그 역시 한국 사람입니다.

គាត់ ក៏ជាជនជាតិកូរ៉េដែរ ។

꼬앋 꺼 쭌찌얻 꼬레이 다에.

인사 15

បាទ.ចាំះ	밭, 짜	예(밭: 남. 짜: 여)
តើ	따으	의문사
អ្នក	네아	당신. 너
នៅ	너으	에서. 에
ស្រុកខ្មែរ	쓰록크마에	캄보디아
នៅពេលណា	너으뻴나	어느 때. 언제

당신은 어느 나라에서 왔나요?
លោកមកពីប្រទេសណា?
록 목삐 뿌러떼 나?

저는 미국에서 왔습니다.
ខ្ញុំមកពីអាមេរិក។
크념 목삐 아메릭.

당신 지금 무슨 일을 하시나요?
ឥឡូវនេះ លោក ធ្វើអ្វី?
아일러우 록 트워 어와이?

실례지만 연세가 몇이시지요?
សូមទោស លោក អាយុប៉ុន្មាន?
쏨또 록 아유 뽄만?

훗날 다시 뵙길 바라겠습니다.
ថ្ងៃក្រោយខ្ញុំចង់ជួបលោកម្តងទៀត។
틍아이끄라우이 크념 쩡 쭈옵 록 머동띠읃.

인사 16

ពាក់កណ្ដាល	뻬아건달	중순
ខែមុន	카에 몬	지난 달
ធ្វើ	트워	일하다
ឥឡូវនេះ	아일러으	지금
ទេសចរណ៍	떼쓰쪼	관광
ប៉ុណ្ណោះ	뻔너	단지. 오로지

안녕히 계십시오, 바빠서 이만
លាសិនហើយខ្ញុំប្រញាប់ពេក។
리어썬 하으이 크념 뿌냡뻭.

잊지말고 연락 바라겠습니다.
ចងកុំភ្លេចមៅណាទាក់ទងខ្ញុំ។
쩡 꼼플렛 마오나 떼아똥 크념

인사 17

참고 단어

អ្នកណា	네아나	누구
និយាយ	니지에이	이야기하다
ម្ដងទៀត	머동띠울	한번 더
ណែនាំ	나에노암	소개하다
អោយ.ឡ្យ	아오니	주다. 허락
ពួកម៉ាក	뿌마	친구
ក៏~ ដែរ	꺼~다에	역시
អាយុ	아유	나이. 연세
ប៉ុន្មាន	뽄만	얼마
ថ្ងៃក្រោយ	틍아이끄라우이	훗날
ចង់	쩡	원하다
លា	리어	안녕
សិន	썬	먼저. 우선
ហើយ	하으이	이미. 그리고
ប្រញាប់ពេក	뿌러납뻭	바쁘다
កុំ	꼼	하지마라
ភ្លេច	풀렛	잊어버리다
ម៉ោណា(មក)	마오나	오다
ទាក់ទង	떼아똥	연결하다.

인사 18

2. 전화 ទូរស័ព្ទ

មាន	미은	있다. 얻다. 포함하다
ទូរស័ព្ទ	뚜루쌉	전화
លេខ	레익	번호
នឹង	능	~ 할것이다

전화 있으십니까?
តើលោកមានទូរស័ព្ទ?
따으 록 미은 뚜루쌉?

전화번호는 몇번 입니까?
ទូរស័ព្ទលេខប៉ុន្មាន?
뚜루쌉 레익 뽄만?

전화 해도 괜찮겠습니까?
ខ្ញុំនឹងទៅទូរស័ព្ទលោកបានទេ?
크념능 떠으 뚜루쌉 록 빤떼이?

전화 주셔서 감사 합니다.
អរគុណណាំហៅទូរស័ព្ទមកខ្ញុំ។
어꾼나 하으 뚜루쌉 목 크념.

제가 전화를 드리겠습니다.
ខ្ញុំ នឹងទូរស័ព្ទទៅលោកអ្នក។
크념 능 뚜루쌉 떠으 록네아.

전화 19

ទៅ	떠으	가다. 걷다
អរគុណ	어꾼	감사
ហៅ	하으	부르다
ជាមួយ	쯔으모이	함께
កំពុង	깜뽕	~하는 중
ព្យាយាម	뿌찌어지음	노력하다

미스터 리와 통화 좀 할 수 있나요?
ខ្ញុំនិយាយជាមួយលោក លី បានទេ?
크념 니지에이 찌으모이 록리 반떼이?

거신 전화가 통화 중입니다.
លេខទូរស័ព្ទដែលលោកអ្នកកំពុងហៅ ។
레익 뚜루쌉 다엘 록네아 깜뽕하으.

나중에 다시 걸어주시기 바랍니다.
សូមព្យាយាមម្តងទៀតនៅពេលក្រោយ ។
쏨 뿌찌어지음 머동띠읃 너으 뻴끄라우이.

외국에 전화할 수 있습니까?
តើទូរស័ព្ទទៅក្រៅស្រុកបានទេ?
따으 뚜루쌉 떠으 끄라우쓰록 빤떼이?

한국에 전화 1 분에 얼마죠?
ទូរស័ព្ទទៅកូរ៉េតំលៃមួយនាទីប៉ុន្មាន?
뚜루쌉 떠으꼬레이 떰라이뭐이니어띠 뽄만?

전화 20

ពេល	뻴	순간. 시간
ក្រោយ	끄라우이	나중에. 뒤에
ក្រៅស្រុក	끄라으 쓰록	외국. 다른나라
តំលៃ	떰라이	값. 가격
មួយនាទី	모이니어띠	1분
ច្រលំ (ខុស)	쯔러럼(커)	잘못. 나쁜

전화 거신 분께서는 누구세요?
សូមអ្នកណា ទៅទូរស័ព្ទ?
쏨 네아나 떠으 뚜루쌉?

전화를 잘못 걸으셨습니다.
លោកទូរស័ព្ទច្រលំ(ខុស)លេខ។
록 뚜루쌉 쯔러럼(커) 레익.

그는 지금 출타 중이십니다.
គឥឡូវគាត់មិននៅផ្ទះទេ។
아일러우 꼬앋 먼너으 푸떼아.

메시지를 전해 드릴까요?
លោកចង់ផ្ដាំផ្ញើទេ?
록 쩡 푸담 핑이우 떼이?

전화가 왔었다고 전해주세요.
សូមផ្ដាំផ្ញើគាត់ទូរស័ព្ទមកខ្ញុំ។
쏨 푸담핑아으 꼬앋 뚜루쌉 목크념.

전화 21

គាត់	꼬앝	그이. 그들
ផ្ទះ	푸떼아	집. 가옥
ផ្ដាំផ្ញើ	푸담핑야으	전하다
សាធារណៈ	싸티어르나	공공의. 공중의
នៅឯណា	너으아에나	어디
កាតទូរស័ព្ទ	깥뚜루쌉	전화요금카드

미안해요 전화 잘못 걸었군요.
សូមទោសខ្ញុំទូរស័ព្ទច្រឡំលេខ ។
쏨또 크념 뚜루쌉 쯔러럼 레익.

전화 다시 한번 하겠습니다.
ខ្ញុំនឹងទៅទូរស័ព្ទម្ដងទៀត ។
크념 능떠으 뚜루쌉 머동띠읃.

한국에 전화 좀 할 수 있어요?
សូមទូរស័ព្ទទៅក្រៅស្រុកកូរ៉េបានទេ?
쏨 뚜루쌉 떠으 끄라우쓰록 꼬레이 빤떼이?

한국전화 1 분에 얼마죠?
ទូរស័ព្ទទៅកូរ៉េតំលៃមួយនាទីប៉ុន្មាន?
뚜루쌉 떠으꼬레이 떰라이 모이니어띠 뽄만?

공중전화가 어디 있지?
តើទូរស័ព្ទសាធារណៈនៅឯណា?
따으 뚜루쌉 쌀니어르나 너으아에나?

전화 22

ឬទេ	르떼이	또는
ប្រហែល	뿌러하엘	아마도
ខូច	코웃	고장 나다
ស្តាប់	쓰답	듣다
មិនពុ	먼르	안 들리다
សោះ	써	전혀

공중전화 카드 있어요?

មានកាត់ទូរស័ព្ទសាធារណៈឬទេ?

미은 깥뚜루쌉 싸티어르나 르 떼이?

아마 전화가 고장이 난 것 같아.

ប្រហែលទូរស័ព្ទខូចហើយ ។

뿌러하엘 뚜루쌉 코웃 하으이.

전혀 들리지가 않습니다.

ខ្ញុំស្តាប់លោកមិនពុសោះ ។

크념 쓰답록 먼르 써.

좀 천천히 말씀해 주세요.

សូមនិយាយឱ្យមួយៗ ។

쏨 니지에이 아오이 모이모이.

좀 크게 말씀해 주세요.

សូមនិយាយឱ្យខ្លាំងៗ ។

쏨 니지에이 아오이 클랑클랑.

참고 단어

ຫຼຍໆ   모이모이   천천히
ຂຶ້ນໆ   클랑클랑   크게. 강하게

3. 공항 អាកាសយានដ្ឋាន

យប់នេះ	욥니	오늘 밤
វាលយន្តហោះ	위얼윤허	비행장
ត្រូវទៅ	뜨러우 떠으	꼭 가다
មនុស្ស	머누	사람

오늘밤 한국에서 내 친구가 오는 날이다.
យប់នេះ ពួកម៉ាកខ្ញុំ មកពីកូរ៉េ ។
욥니 뿌마크넘 목삐 꼬레이.

친구를 마중하러 비행장에 가야 돼.
ខ្ញុំត្រូវទៅទទួលតាត់នៅវាលយន្តហោះ ។
크념 뜨러우 떠으 떠뚜얼 꼬앋 너으 위얼윤허.

이곳에 사람이 많구나,
នៅនេះមនុស្សច្រើនណាស់ ។
너으니 머누 찌란나.

모두 친분 있는 이들을 기다리겠구나.
ពួកគេទាំងអស់ សុទ្ធតែមកចាំគ្នាវិរ ។
뿌윽께이 떼앙어 쏟따에 목짬 핑이우.

이 비행기 왜 늦게 도착 하지?
ហេតុអីយន្តហោះនេះក្រមកដល់ម្លេះ?
하잇아이 윤허니 끄러목 달 멀레?

공항 25

ច្រើន	찌란	많다
ពួកគេ	뿌욱께이	구룹. 절친한
ទាំងអស់	떼앙어	모두. 함께
សុទ្ធតែ	쏱따에	모두
ចាំ	짬	기다리다
ភ្ញៀវ	핑이우	손님

오래 기다리기 꽤 지루하구나.

ចាំយូរហើយអផ្សុកណាស់ ។

짬 유 하으이 업속나.

오, 저기 비행기 착륙을 했구나.

អូហ៍នោះយន្តហោះចុះហើយ ។

오 니 윤허 쪼 하으이.

여권을 보여주세요.

សូមបង្ហាញលិខិតឆ្លងដែន ។

쏨 벙한 리칻 츨렁다인.

비행기표 좀 보여주세요.

សូមបង្ហាញសំបុត្រយន្តហោះ ។

쏨 벙한 썸볻 윤허.

여권과 티켓 여기 있습니다.

លិខិតឆ្លងដែននិងសំបុត្រនៅទីនេះ ។

리칻 츨렁다인 능 썸볻 너으띠니.

ហេតុអី	하잇아이	왜
ក្រមកដល់	끄러목덜	지연도착
ម្ដេះ	멀레	끝머리에 사용
ចុះ	쪼	내리다
បង្ហាញ	벙한	보이다
លិខិតឆ្លងដែន	리칼츨렁다인	여권

내 좌석은 어디입니까?

កន្លែងអង្គុយរបស់ខ្ញុំនៅឯណា?

껀라엥 엉꼬이 로보크넘 너으 아에나?

이곳이 당신의 좌석입니다.

នេះជាកន្លែងអង្គុយលោកអក។

니 찌어 껀라엥 엉꼬이 록네아.

좌석의 안전벨트를 착용해주세요.

សូមរឹតខ្សែក្រវ៉ាត់នៅអង្គុយ។

쏨 룹크싸에 끄러왙 너의 엉꼬이.

기내에서는 금연입니다.

ហាមជក់បារី នៅក្នុងយន្តហោះ។

함 쭈어바라이 너으 크농윤허.

이 비행기 프놈펜에 몇 시에 도착하지요?

យន្តហោះនេះទៅដល់ទីក្រុងភ្នំពេញនៅម៉ោងប៉ុន្មាន?

윤허 니 떠으달 띠프놈펜 너으 마웅뽄만?

공항 27

សំបុត្រយន្តហោះ	썸봇 윤허	비행기티켓
វីតខ្សែ	륃 크싸에	안전벨트
ក្រវាត់	끄러왙	메다
ហាម	함	금하다
ជក់បារី	쭈어 바라이	담배 피우다
ទៅដល់	떠으달	도착하다

캄보이다에 무슨 일로 오셨나요?

លោកមកប្រទេសកម្ពុជានេះធ្វើអី?
록 목 뿌러떼깜뿌지어 니 트워아이?

나는 단지 여행객입니다

ខ្ញុំគ្រាន់តែជាទេសចរណ៍ប៉ុណ្ណោះ ។
크념 끄로안따에 찌어 떼스쪼 뻔너.

이곳에서 얼마나 체류하실 건가요?

តើលោកនឹងស្នាក់នៅទីនេះប៉ុន្មានថ្ងៃដែរ?
따으 록능 쓰나너으 띠니 뽄민 뚱아이 다에?

한달 정도 체류할 것입니다.

ខ្ញុំនឹងស្នាក់នៅប្រហែលមួយខែ ។
크념능 쓰나너으 뿌러하엘 모이카에.

비자 받는 비용이 얼마입니까?

ទទួលត្រាថ្លៃប៉ុន្មាន?
떠뚜얼 트라 틀라이 뽄만?

ទីភ្នំពេញ	띠 쁘놈뻰	프놈펜에
ម៉ោងប៉ុន្មាន	마웅 뽄만	몇 시
កម្ពុជា	깜뿌찌어	캄보디아
គ្រាន់តែ	끄로안따에	오직
ទេសចរណ៍	떼쓰쪼	관광
ប៉ុណ្ណោះ	뻔너	오로지

신고할 것이 있습니까?
ដែលត្រូវបង្ហាញខ្លះមានអ្វី?
다엘 뜨러우 벙한 미은 어와이클라?

없습니다.
មិនមានទេ ។
먼 미은떼이.

가방안에는무엇이있습니까?
ក្នុងកាប៉ូបមានអ្វីខ្លះ?
크놈 까보웁 미은 어와이클라?

개인 용품뿐이데요.
មានតែរបស់ខ្លួនឯង ។
미은따에 로버 클루운아엥.

좋습니다. 소모품 들이군요.
អញ្ចឹងចុះបានអ្វីអ្វីបានរួចរាល់អស់ហើយ ។
언쯔은 쪼 밭 어와이~ 반루웃 로알 어하으이.

ស្នាក់នៅ	쓰나너으	체류하다
ថ្ងៃ	틍아이	날. 일
មួយខែ	모이카에	한달
ទទួល	떠뚜얼	받다
ត្រា	뜨라	비자
ថ្លៃ	틀라이	가격. 비용
ខ្លះ	클라	종유
ខ្លួនឯង	클루운아엥	본인
អញ្ចើញ	쏨언쯔은	제발. 아무쪼록
រូច	루웃	끝나다
រាល់	로알	매일
អស់ហើយ	어하으이	사용하고 없다

참고 단어

សួស្តី	쑤어쓰다이	인사
អរុណសួស្តី	아론쑤어쓰다이	오전인사
ទិវាសួស្តី	띠위어쑤어쓰다이	오후인사
សាយណ្ហសួស្តី	싸이요안쑤어쓰다이	저녁인사
រាត្រីសួស្តី	리어뜨라이쑤어쓰다이	늦은저녁인사

4. 환전 ការប្តូរប្រាក់

អត្រា   알뜨라 비율
ការប្តូរប្រាក់   까 뿌도우뿌라 바꾸다
អត្រានៃការប្តូរប្រាក់   알뜨라나이까 뿌도우뿌라   환율

환전소가 어디에 있지요?

កន្លែងការប្តូរប្រាក់នៅឯណា?
껀라엥 까뿌도우 뿌라 너으아에나?

오늘 환율이 얼마이지요?

តើថ្ងៃហ្នឹងអត្រានៃការប្តូរប្រាក់ប៉ុន្មាន?
따으 틍아이능 아뜨라나이까 뿌도우뿌라 뽄만?

달러로 환전하고 싶은데요?

ខ្ញុំចង់ដូរលុយដុល្លា?
크넘 쩡 도우로이 돌라?

얼마를 바꾸시겠습니까?

លោកចង់ដូរលុយប៉ុន្មាន?
록 쩡 도우로이 뽄만?

---

100 달러 입니다.

១០០លុយដុល្លា។
모이로이 돌라.

ថ្ងៃហ្នឹង	퉁아이능	오늘
លុយ	로이	금전. 돈
ដុល្លា	돌라	달러
១០០	모이로이	1 백
ក្រដាសប្រាក់	끄로다 뿌라	지폐
សន្លឹក	썬락	매수. 장

---

10 달러짜리로 10 장 주세요.

សូមក្រដាសប្រាក់១០ដុល្លា១០សន្លឹកឱ្យខ្ញុំ។

쏨 끄로다뿌라 덥돌라 덥썬락 아오이 크념.

환전 32

5. 택시 호텔   សណ្ឋាគារ

តាក់ស៊ី	따씨	택시
ជួយ	쭈어이	돕다
ហៅឡានតាក់ស៊ី	하으란따씨	택시를 부르다
ផង	펑	역시

택시 좀 불러주세요.

សូមជួយហៅឡានតាក់ស៊ី ឱ្យខ្ញុំផង ។

쏨 쭈어이 하으란 따씨 아오이크념 펑.

부르신 택시 도착 했습니다.

តាក់ស៊ីដែលលោកហៅមកដល់ហើយ ។

딱시 다엘 록하으 목덜 하으이.

프놈펜 호텔까지 얼마에 가시겠습니까?

ទៅសណ្ឋាគារភ្នំពេញទៅយកប៉ុន្មាន?

떠으 쏜타끼어 쁘놈펜 떠으 역 뽄만?

어서 오세요. 손님

សូមស្វាគមន៍ភ្ញៀវ ។

쏨 스와꼼 핑이우.

빈 방 있습니까?

មានបន្ទប់ទំនេរទេ?

미은 번듭 뚬네 떼이?

호텔 33

យក	역	가지다. 가다
សណ្ឋាគារ	쏜타끼어	호텔
សូមស្វាគមន៍	쏨 쓰와꼼	어서 오세요
បន្ទប់ទំនេរ	번뜹뚬네	빈방
ត្រូវការ	뜨러우까	필요하다
គ្រែ	끄레	침대

침대 몇 개의 방이 필요 하신지요?
លោកត្រូវការបន្ទប់គ្រែប៉ុន្មាន?
록 뜨러우가 번듭끄레 뽄만?

침대 두 개짜리로 주세요.
សូមអោយបន្ទប់គ្រែពីរ ។
쏨 아오이 번듭끄레 삐.

에어컨과 목욕실이 있나요?
មានម៉ាស៊ីនត្រជាក់និងបន្ទប់ទឹកឬទេ?
미은 마씬 뜨러찌아 능 번뜹떡 르 떼이?

하루에 요금이 얼마 입니까?
មួយថ្ងៃថ្លៃប៉ុន្មាន?
모이뜽아이 틀라이 뽄만?

방 하나에 하루 15 불 입니다.
មួយថ្ងៃដប់ប្រាំដុល្លារក្នុងមួយបន្ទប់ ។
모이 틍아이 덥쁘람돌라 크농 모이번듭.

호텔 34

ម៉ាស៊ីន	마씬	기계
ត្រជាក់	뜨러찌아	시원하다
ដប់ប្រាំ	덥뿌람	15
គិតទាំង	끝떼앙	포함하다
អាហារ	아하	식사
ពេលព្រឹក	뻴뿌럭	아침

아침식사를 포함해서 입니다.
គិតទាំងអាហារពេលព្រឹកផង ។
끝떼앙 아하 뻴쁘럭 펑.

일주일 묵을 건데 D/C 해 줄 수 있어요?
យើងនៅមួយអាទិត្យតើចុះថ្លៃបានទេ?
여응 너으 모이아틑 따으 쪼틀라이 빤떼이?

예물론 D/C 해 드리겠습니다.
បាទខ្ញុំនឹងចុះថ្លៃជូនលោក ។
밭 크넘 능 쪼 틀라이 쭌록.

우리는 조용한 방을 원합니다.
យើងចង់បានបន្ទប់ស្ងប់ស្ងាត់ ។
여응 쩡반 번뜹 승옵승앝.

방을 먼저 볼 수 있습니까?
តើយើងអាចមើលបន្ទប់សិនបានទេ?
따으 여응알 멀번뜹썬 빤떼이?

អាទិត្យ	아뜻	주일
ចុះថៃ្ល	쪼틀라이	깎다
ជូន	쭌	주다
ចង់បាន	쩡반	해야한다
ស្ងប់ស្ងាត់	승옵승압	조용한
អាចមើល	앝 멀	볼 수 있다

예. 이쪽으로 오시죠.
បាទ. សូមអញ្ជើញខាងនេះ ។
밭 쏨 언쯔은 캉니.

나는 방을 바꾸고 싶군요.
ខ្ញុំចង់ដូរបន្ទប់ខ្ញុំ ។
크념 쩡 도우 번뜹 크념.

내방에 TV 가 고장이 났습니다.
ទូរទស្សន៍នៅបន្ទប់ខ្ញុំខូចហើយ ។
뚜루뚜어 번뜹크념 코웃하으이.

지금 좀 고쳐 주세요.
ឥឡូវនេះសូមជួសជុលអោយខ្ញុំ ។
아일러우니 쏨 쭈쭐 아오이 크념.

내일아침 5 시에 깨워주세요.
ថ្ងៃស្អែកអ្នកសូមជួយដាស់យើងម៉ោងប្រាំ ។
틍아이싸엑 네아쏨쭈어이 다 여응 마웅쁘람.

호텔 36

ខាងនេះ	캉니	이쪽
ទូរទស្សន៍	뚜루뚜어	TV
ខូច	코웃	고장
ជួសជុល	쭈쭐	고치다
ថ្ងៃស្អែក	틍아이 싸엑	내일

오늘 우리 깜뽕싸옴에 갑니다.
ថ្ងៃនេះយើងនឹងទៅកំពង់សោម ។
틍아이니 여응능 떠으 깜뽕싸옴.

내일 저녁에 돌아올 것입니다.
យើងត្រឡប់មកវិញនៅស្អែកល្ងាច ។
여응 뜨럴넙 목웬 너으 싸엑 릉이엣.

이 호텔에 체크인 하겠습니다.
ខ្ញុំចង់ស្នាក់នៅសណ្ឋាគារនេះ ។
크념 쩡 스나너으 쏜타끼어니.

예약 하셨나요?
លោកធ្វើការកក់ទុកអោយហើយ?
록 트워까 꺼똑 아오이 하으이?

전화로 예약을 했었는데요.
ខ្ញុំធ្វើការកក់ទុកតាមទូរស័ព្ទ ។
크념 트워까 꺼똑 땀 뚜루쌉.

호텔 37

ដាស់	다	깨우다
យើង	여응	우리들
ម៉ោងប្រាំ	마웅쁘람	다섯 시
កំពង់សោម	깜뽕싸옴	지명(이름)
ត្រឡប់មកវិញ	뜨럴넙목웬	돌아오다
ល្ងាច	릉이엣	저녁

이 방으로 결정 하지.
សុខចិត្តយកបន្ទប់នេះ ។
쏙쩓 역 번듭니.

보이 이 짐을 방으로 옮겨주세요.
ប៉ោយយកឥវ៉ាន់របស់ខ្ញុំដាក់ក្នុងបន្ទប់ ។
바오이 역 아이완 로버크넘 다크농 번뜹.

그 창문을 잠시 열어주시죠.
បើកបង្អួចអោយយើងមួយភ្លែតផង ។
바욱 봉우웃 아오이 여응 모이플렛 핑.

아가씨 룸메이트 맞나요?
អ្នកជាអ្នករៀបចំបន្ទប់មែន?
네아 찌어 리읍쯤 번듭 멘?

침대 정리 좀 해 주세요.
សូមជួយរៀបចំគ្រែឱ្យខ្ញុំផង ។
쏨쭈어이 리읍쯤 끄레 아오이 크넘 펑.

កក់ទុក	꺼똑	예약하다
សុខចិត្ត	쏙쩔	용인하다
បោ៊ឹយ	바오이	종업원
តរ៉ាន់	아이완	짐. 물건
របស់	로버	소유격(나의)
ដាក់	다	넣다

"Thank you "를 크마에 말로 뭐라고 하죠?

តើពាក្យ " សេលឃ្យ "ខ្មែរថាម៉េច?

따으 삐어 "쌩큐 "크마에 타멧?

엘리베이터는 어디에 있습니까?

ជណ្ដើរយន្តនៅឯណា?

쭌다으 윤 너으 아에나?

체크아웃을 하고 싶습니다만.

ខ្ញុំចង់ចេញទៅទីនេះ ។

크념 쩡 쩬떠으 띠니.

계산서를 주세요.

សូមវិក័យបត្រឱ្យខ្ញុំផង ។

쏨 위까이밭 아오이 크념 펑.

"Goodbye"를 크마에 말로 뭐라고 하죠?

តើពាក្យ" ហ្គុដបាយ " ខ្មែរថាម៉េច?

따으삐어"굳바이"크마에 타멧?

참고 단어

រៀបចំ	리읍쩜	준비. 정리하다
ពាក្យ	삐어	말. 단어
សែលយ្យូ	쌩큐우	뗑큐
ថាម៉េច	타멧(맛)	뭐라고
ជណ្ដើរយន្ត	쭌다으 윤	엘리베이터
ចេញទៅ	쩬떠으	떠나다. 퇴실
វិក័យបត្រ	위까이밭	계산서. 영수증
ហ្គុដបាយ	굳바이	안녕
បន្ទប់ទឹក	번뜹떡	샤워장

6. 식당 ភោជនីយដ្ឋាន

ភោជនីយដ្ឋាន	포쩬니이욀탄	식당
ជិត	쯥	근처
ឃើញ	크은	보이다
ផ្ទាំង	플라	간판

이 근처 한국 식당이 있습니까?
មានភោជនីយដ្ឋានកូរ៉េនៅជិតនេះទេ?
미은 포쩬니이욀탄 꼬레이너으쯥니떼이?

저쪽에 간판이 보이는데요.
នៅនោះបានឃើញផ្ទាំងនៅភោជនីយដ្ឋាន ។
너으누 반크은 플라 너으 포쩬니이어탄.

빈자리 있습니까?
មានកុទំនេរទេ?
미은 똑 뚬네 떼이?

예. 어서 들어오세요.
បាទមានសូមអញ្ជើញចូលក្នុងបាទ ។
밭 미은 쏨 언쯔은 쿙크농 밭.

당신 무엇을 먹고 싶어요?
លោកចង់ពិសាអ្វីខ្លះ?
록 쩡 삐싸 어와이 클라?

ពិសា.ស៊ី	삐싸. 씨	먹다. 들다
ញ៉ាំ.ហូប	얌. 홉	먹다. 들다
អ្វីខ្លះ	어와이클라	어떤 종류
ក៏បានដែរ	꺼반다에	다 좋다
បញ្ជីមុខម្ហូប	번찌이목 머호웁	차림표
ទឹក	떡	물

아무거나 괜찮아요.
ញ៉ាំអ្វីក៏បានដែរ ។
얌 어와이 꺼반다에.

물하고 메뉴 좀 주세요.
សូមឱ្យទឹកហើយនឹងបញ្ជីមុខម្ហូប ។
쏨아오이 떡 하으이능 번찌이목 머호훕.

캄보디아 음식 한번 먹어보고 싶은데.
ខ្ញុំចង់ញ៉ាំម្ហូបខ្មែរលមើលម្ដង ។
크념 쩡얌 머호흡 크마에 러멀머덩.

그러면 프놈펜식당으로 가자.
បើអញ្ចឹងយើងទៅភោជនីយដ្ឋានភ្នំពេញ ។
바으언쩡 여응 떠으 포쩨니욀탄 쁘놈뻰.

그들이 음식을 꽤 맛있게 한다고.
គេធ្វើម្ហូបឆ្ងាញ់ណាស់ ។
께이 트워 머호흡 칭안나.

식당 42

លមើលម្ដង	러멀머덩	한번 해보다
បើអញ្ចឹង	바으 언쩡	그러면
ឆ្ងាញ់ណាស់	칭안나	매우 맛있다
រើស	르	고르다
បំរើ	범으라으	웨이터
ស្ដោរបង្កង	승아오 벙껑	새우스프

내 것도 주문해 줘요.

សូមឈោកជួយរើសម្ហូបអោយខ្ញុំផង ។
쏨 록 쭈어이르 머호흡 아오이 크념펑.

우선 웨이터를 부르지 뭐.

បាទចាំខ្ញុំហៅអ្នកបំរើសិន ។
밭 짬크념 하으 네아 범으라으 썬.

오늘 식사종류가 무엇이 있나요?

ថ្ងៃនេះមានអ្វីខ្លះ ?
틍아이니 미은 어와이 클라?

예 여러 가지의 음식을 준비하고 있습니다.

បាទ មាន ម្ហូបច្រើនមុខ ។
밭 미은 머호흡 찌란 목.

랍스터수프 치킨샐러드와 매운스프 주세요.

យកស្ដោរបង្កងញាំមាន់ហើយសម្ហូបតុមយាំ ។
역 승아오벙껑 뇨암모안하으니썸룥똠얌.

식당 43

ញាំមាន់	뇨암모안	치킨샐러드
សម្លុតុមយាំ	썸럳똠얌	매운스튜
សាច់	쌋	고기
សាច់ ត្រី	쌋 뜨라이	생선
សាច់ ជ្រូក	쌋 찌룩	돼지고기
សាច់ គោ	쌋 꼬	쇠고기

여기에 생선, 돼지고기 중 무엇을 넣을까요?

សម្លុតុមយាំនេះលោកយកសាច់ត្រីឬសាច់ជ្រូក ?

썸럳똠얌 누 록 역쌋뜨라이 르 쌋찌룩?

생선과 소고기 볶음 한 접시씩 주세요.

សាច់ត្រីហើយយកឆាសាច់គោមួយចានផង ។

쌋 뜨라이 하으이 역 차쌋고 모이짠 펑.

볶음밥과 찐 밥 한 접시씩 주세요.

យកបាយឆាមួយចាននិងបាយចំហុយមួយចាន ។

역 바이차 모이짠 능 바이쩜호이 모이짠.

음식 할 때 후추 많이 넣지 말아요.

តែពេលធ្វើម្ហូបកុំដាក់ម្រេចច្រើនពេក ។

따에 뻴트워 머호흡 꼼다 머렛 찌란뻭.

맥주 한잔 어때요?

មើច ញាំបៀររទេ ?

멧 얌 비어 떼?

ឆា /លីង	차, 링	볶다
ចាន	짠	접시
ចំហុយ	쩜호이	찌다
ម្រេច	머렛	후추
បៀរ	비어	맥주
ដប	덥	병

종지, 맥주 두 병 가지고 와요.
មានអី ?អោយបៀរពីរដបមក ។
미은아이? 아오이 비어 삐덥 목.

한데 왜 상에 칼이 없어요?
ហេតុអ្វីបានជាគ្មានកាំបិតនៅលើតុ ?
하잇아이반찌어 크미언 깜벝 너으르 똑?

크마에 음식에는 포크와 스푼만을 사용합니다.
មូបខ្មែរគេប្រើតែសមហើយនិងស្លាបព្រាទេ ។
멉호흡크마에 께이 쁘라으따에 썸 하으이 슬랍쁘리어 떼이.

후식은 무엇이 있나요?
មានបង្អែមអ្វីខ្លះ ?
미은 벙아엠 아와이 클라?

바나나 파인애플 망고 아이스크림이 있어요.
មានចេកម្នាស់ស្វាយហើយការ៉េមផង ។
미은 쩨익 무노아 쓰와이 하으이 까렘 펑.

식당 45

ហេតុអ្វីបានជា	하잇어와이 반찌어	왜
គ្មាន	크미언	없다
កាំបិត	깜벋	칼
តុ	똑	상. 밥상
គេ	께이	그들
ប្រើ	쁘라으	사용하다

플라에 처으니 츠므어 어와이?
ផ្លែឈើនេះឈ្មោះអ្វី?
플라에 처으니 츠므어 어와이?

이 과일의 이름은 투렌 입니다.
ផ្លែឈើនេះឈ្មោះទូរេន។
플라에 처으니 츠므어 투렌.

이 과일 무척 달아요.
ផ្លែឈើនេះ រសជាតិផ្អែមជាង។
플라에 처으니 루웃찌읕 빠엠찌응.

난 배가 불러 아무것도 싫어요.
ខ្ញុំមិនយកអ្វីទេឆ្អែតហើយ។
크념 먼역아이떼이 짜엩 하으이.

식당 46

참고 단어

តែ	따에	그러나
សម	썸	포크. 어울리다
ស្លាបព្រា	쓸랍쁘리어	숟가락
បង្អែម	벙아엠	후식
ចេក	쩨익	바나나
ម្នាស់	무노아	파인애플
ស្វាយ	스와이	망고
ការេម	까렘	아이스크림
ផ្លែឈើ	플라에 처으	과일
ឈ្មោះ	추므어	이름
ធូរេន	투렌	두리안
ឆ្អែត	짜엩	배부르다
ឃ្លាន	클리언	허기지다
រសជាតិ	루우찌읕	맞
ផ្អែម	빠엠	달다
ជូរ	쭈어	시다
ល្វីង	르윙	쓰다
ស្វិតពេក	쓰왙 뻭	질기다
ប្រៃ	쁘라에	짜다

식당 47

សាប	싸압	싱겁다
ហិល	할	맵다
ឆ្អាប	찹	비리다
ការបញ្ជា	까번찌이어	주문하다
ខ្លែម	클라엠	안주
សាច់ខ្លែម	싸 클라엠	고기안주
ជឹកស្រា	팍 쓰라	술 마시다
កែវ	까에우	잔
គុយទាវ	꾸이띠어우	쌀국수

7. 약국 ហាងលក់ថ្នាំ

ឈឺ	츠으	아프다
ក្រុន	꾸론	열
ផ្តាសាយ	프다싸이	감기
ថ្នាំ	트남	약

어디 아프세요?
ឈឺអីហ្នឹង?
츠으 아이 능?

이삼 일전 열 감기에 걸린 것 같아요.
ខ្ញុំក្រុនផ្តាសាយពីរបីថ្ងៃហើយ ។
크념 꾸룬프다싸이 뻐바이 틍아이 하으이.

요즘 매우 피곤해요.
សព្វថ្ងៃនេះ ខ្ញុំអស់កម្លាំងណាស់ ។
썹틍하이니 크념 어 껌랑나.

약 먹으면 좋아질 수 있나요?
ញ៉ាំថ្នាំហើយ បានធូរបន្តិចទេ?
얌 트남 하으이 반뚜번떽 떼이?

감기 약 좀 주실래요?
សូមអោយថ្នាំផ្តាសាយមកខ្ញុំ?
쏨 아오이 트남 프다싸이 목 크념?

ពីរបីថ្ងៃ	삐바이 틍아이	이삼 일
សព្វថ្ងៃនេះ	썹틍아이	요즈음
អស់	어	소모하다
កម្លាំង	껌랑	힘
បានធូរបន្តិច	반투번떽	좀 좋아지다
ថ្នាំផ្តាសាយ	트남프다싸이	감기약

감기가 대개 그렇습니다.

ផ្តាសាយគឺអញ្ចឹងហើយ ។

프다싸이 끄 언쩡 하으이.

하루에 몇번 복용 합니까?

ក្នុងមួយថ្ងៃខ្ញុំលេបថ្នាំប៉ុន្មានដង?

크농 모이틍아이 크넘 렙트남 쁜만덩?

이 약 하루에 3 번 복용하세요.

ថ្នាំនេះលេបក្នុងមួយថ្ងៃ បីដង ។

트남니 렙 크농 모이틍아이 바이 덩.

쉬시고 물을 많이 잡수세요.

លោកត្រូវសំរាកនឹងហូបទឹកអោយច្រើន ។

록 뜨러우 썸르라능 홉떡 아오이 찌란.

당신은 어디가 아픈가요?

លោក ឈឺ អ្វីហ្នឹង?

록 츠으 어와이 능?

약방 50

សំរាក	썸무라	휴식
គឺ	끄	~이다
អញ្ចឹង	언쩡	그러면. 대개
ក្នុងមួយថ្ងៃ	크농 모이틍아이	하루에
លេបថ្នាំ	렙트남	약 먹다
ហូបទឹក	홉떡	물 마시다

저는 매일 가벼운 두통이나요?
ខ្ញុំឈឺក្បាលស្រាលរឿងរាល់ថ្ងៃ។
크념 츠으끄발 쓰랄 리엉 로알틍아이.

그리고 자주 현기증이 나요.
ហើយនឹង ពេលខ្លះវិលមុខ។
하으이능 뻴클라 윌목.

당신 설사는 안 하십니까?
តើលោកមានរាគរាគឬទេ?
따으 록 미은 록리윰 르 떼이?

전 심한 설사를 합니다.
ខ្ញុំរាគខ្លាំងណាស់។
크념 록리윰 클랑 나.

똑같은 증상으로 배가 아파요.
ខ្ញុំឈឺពោះដដែល។ (ច្រើនដង)
크념 츠으 뿌어 더다엘 더다엘.

약방 51

ដង	덩	몇 번
ឈឺក្បាល	츠으끄발	두통
ស្រាល	쓰랄	가벼운
រឿង	리엉	속적
រាល់ថ្ងៃ	로알틍아이	매일
ពេលខ្លះ	뻴 클라	빈번히. 자주

배 아픈데 먹는 약 모두주세요.
សូមឱ្យថ្នាំព្យាបាលជំងឺឈឺពោះទាំងអស់មកខ្ញុំ។
쏨 아오이 트남 뿌찌어발 쯤응으 츠으뿌어
떼앙어 목 크념

열좀 내렸어요 안 내렸어요?
បាត់គ្រុនហើយនៅ?
밭 꾸론 하으이 너으?

약방 52

참고 단어

ហាងលក់ថ្នាំ	항 루어트남	약방. 약국
ឱសថស្ថាន	아오써터쓰탄	약방. 약국
ឱសថការី	아오써터 까리	약제사
វិលមុខ	윌목	현기증. 빈혈
រោគរាគ	록리유	설사
ខ្លាំងណាស់	클랑나	강하게
ឈឺពោះ	츠으 뿌어	복통
ដដែលៗ	더다엘 더다엘	같은
ព្យាបាល	뿌찌어발	치료
ជំងឺ	쯤응으	질병
បាត់	밭	없어지다. 잃다

8. 병원   មន្ទីរពេទ្យ

ស្គម.សំគម	쓰꼼,쏨꼼	여위다. 마르다
ម្ល៉េះ	멀레	그렇게
កើត	까읕	발생하다
ឮថា	르타	듣기론

왜 그렇게 여위었어, 무슨 일 있었어?

ម៉េចស្គមម្ល៉េះ កើតអីហ្នឹង?

멧 쓰꼼 멀레 까읕 아이능?

듣기론 몸이 않좋다고 하던데?

ខ្ញុំឮថាអ្នកមិនស្រួលខ្លួន ហ្នឹះ?

크념 르타 네아 먼쑤루얼 클루운헤?

지금은 괜찮아요?

ឥឡូវយ៉ាងម៉េច ហើយ?

아일러우 양멧 하으이?

항상 아프네요.

ជាធម្មតាខ្ញុំតែងតែឈឺ ។

찌어 토아마다 크념 따엥따에 츠으.

병원에 필히 가야 되겠어.

ខ្ញុំត្រូវទៅមន្ទីរពេទ្យ ។

크념 뜨러우 떠으 문티뻿.

병원 54

ស្រួល	쓰루얼	편안한
ខ្លួន	클루운	몸. 자신
ហ្ស៊ើ	헤	끝말에 붙인다
ធម្មតា	토아마따	일반적으로
តែងតែ	따엥따에	언제나
មន្ទីរពេទ្យ	문디뼅	병원

의사 선생을 만나고 싶습니다.

ខ្ញុំចង់ជួបលោកគ្រូពេទ្យ ។

크념 쩡 쭈옵 록 꾸루뼅.

증상이 어떻습니까?

មានអាការយ៉ាងម៉េចដែរ?

미은 아까 양멧다에?

요즘 식욕이 전혀 없습니다.

សព្វថ្ងៃនេះខ្ញុំគ្មានចិត្តចង់ញាំុំសោះ ។

썹틍아이니 크념 크미은 쩔 쩡얌 써.

가슴에 통증이 있습니다.

ខ្ញុំឈឺក្នុងទ្រូង ។

크념 츠으 크농뚜룽.

소화불량이 있습니다.

ខ្ញុំរោគក្រពះ ។

크념 록 끄로뻬아.

លោកគ្រូពេទ្យ	록 꾸루뻿	의사 선생님
អាការ	아까	징후. 조짐
យ៉ាងម៉េចដែរ	양몟다에	어떻습니까
ចិត្ត	쯧	마음
សោះ	써	전혀
ទ្រូង	뚜룽	가슴

입원을 해야 되나요?
តើខ្ញុំត្រូវតែដេកលើគ្រែឬ?
따으 크념 뜨러우따에 데익 르그레 르?

이 체온계를 입에 물고 계세요.
សូមប្រើមទែរម៉ូម៉ែត្រនេះក្នុងមាត់ ។
쏨 비움떼모우마엩 니 크농 모앝,

손님 열이 대단히 높군요.
អូលោកគ្រូនខ្លាំងណាស់ ។
오 록 꾸룬 클랑나.

거의 사십 도가 다 되네요.
មានកំដៅដល់សែសិបអង្សា ។
미은 껌다오 덜 싸에씹 엉싸.

먼저 해열제 주사를 놓겠습니다..
ខ្ញុំនឹងចាក់ថ្នាំគ្រុនជូនលោកសិន ។
크념 능 짜트남 꾸룬 쭌 록 썬.

រោគ	록	증상
ក្រពះ	끄로뻬아	복부. 위
ត្រូវតែ	뜨러우 따에	~해야 한다
ដេក	데익	자다
លើគ្រែ	르 끄레	침대위
ប្បៀម	비음	입에 물고있다

당신을 입원 시키도록 하겠습니다.

ខ្ញុំត្រូវបញ្ជូនអោយទៅគេងពេទ្យ ។

크념 번쭈운 아오이 떠으 께잉뻿.

벌써 의사의 검진이 끝났어?

ម៉េចគ្រូពេទ្យមានមកពិនិត្យមើលអ្នកហើយ?

멧 꾸루뻿 미은 목뻬넫 멀 네아 하으이?

응, 그들이 말라리아 증상이라고 하네.

បានគេប្រាប់ខ្ញុំថាខ្ញុំមានជំងឺគ្រុនចាញ់ ។

밭 께이쁘랍 크념타 크념 미은 쯤응으 꾸른짠.

그렇게 심하지는 않다고 해.

តែមិនធ្ងន់ធ្ងរប៉ុន្មានទេ ។

따에 먼 틍운틍오 뽄만 떼이.

만일 치료하지 않았다면 죽을 수 있었대요.

បើមិនមើលអោយជាស្រលះអាចបណ្តាលឱ្យស្លាប់ ។

바으 먼멀 아오이 찌어 쓰럴라 앝 번달아오이 슬랍.

병원 57

ទែរម៉ូម៉ែត្រ	떼모우마엩	체온계
ម៉ាត់	모앋	입
កំដៅ	껌다으	열. 온도
ដល់	달	도달하다
សែសិប	싸에썹	40
អង្សា	엉싸	온도

이 약 두 알 먹 고자요.

លេបថ្នាំពីរគ្រាប់នេះហើយគេងទៅ។

렙트남 삐 꾸로압 니 하으이 께잉 떠으.

왜 그런지 모르겠네 무슨 일이 생 길려나.

ខ្ញុំមិនដឹងជាកើតអីទេ។

크념 먼당찌어 까읃 아이떼이.

늘 편치가 않고 어디가 아프려고 그러나?

ចេះតែមិនស្រួលខ្លួនតើឈឺអ្វីទៅ?

쩨따에 먼쓰루얼 클루운 따으 츠으 어와이 떠으?

열 이 나고 머리가 아파요.

ខ្ញុំក្តៅខ្លួនហើយនិងឈឺក្បាល។

크념 끄다우 클우운 하으이 능 츠으끄발.

가끔 한기가 있고 몸이 떨리곤 해요.

ខ្ញុំញ៉ាវខ្លួនយួរៗម្តង ហើយ ក្តៅរងារ។

크념 뇨아클루운 유유머동 하으이 끄다으롱이어.

병원 58

ចាក់ផ្ដាំគ្រុន	짜트남 꾸룬	해열 재 맞다
បញ្ជូន	번쭈운	옮기다
គេងពេទ្យ	께잉뻿	입원하다
ពិនិត្យមើល	삐넬 멀	검사하다
ជំងឺគ្រុនចាញ់	쯤응으 꾸룬짠	마라리아증상
មិន~ប៉ុន្មានទេ	먼 ~ 뽄만떼이	~ 하지않다

그러면 내가 가서 의사선생을 부를게요.
អញ្ចឹង ខ្ញុំរកទៅហៅគ្រូពេទ្យសិន ។
언쩡 크냠 록 떠으 하으 꾸루뼷 썬

의사는 확실치는 않다고 말했어요.
គ្រូពេទ្យមិនដឹងប្រាកដទេថា ។
꾸루뼷 먼당쁘러껏 떼이 타.

이질이나콜레라 환자같다고 하네요.
គាត់មានជំងឺរាគមួលឬអាសន្នរោគ ។
꼬앝 미은 쯤응으 리옥무울 르 아썬나록.

충치가 있습니다.
ខ្ញុំមានធ្មេញដង្កូវស៊ី ។
크냠 미은 트멘 덩꾸우 씨.

그 치아를 뽑아야 하나요?
តើខ្ញុំត្រូវដកធ្មេញនោះចេញឬ?
따으 크냠 트러우 덕트멘 누 쩬르?

ស្រឡះ	쓰러라	깨끗하다
បណ្ដូលឱ្យ	번달 아오이	인도하다
ស្លាប់	슬랍	죽다
ពីរគ្រាប់	삐 꾸로압	두알
គេង	께잉	자다
មិនដឹងជា	먼당찌어	알 수 없지만

스켈링 좀 해주십시오.
សូមជួយសំអាតធ្មេញឱ្យខ្ញុំផង ។
쏨 쭈어이 썸앝트멘 아오이 크념 펑.

이상하네 몸이 편치가 않네
ដូចជាចម្លែកអត់ស្រួលខ្លួនហើយ
도웃찌어쩜라익 얻 쑤루얼 클루운 헤

누가 나 한 테 감기를 옮겼나.
ខ្ញុំឆ្លងផ្ដាសាយពីអ្នកណាម្នាក់ ។
크념 츨렁 푸다싸이 삐 네아나 머네아.

어제 위험하게 자동차에 받은 사람이 있었어요.
ពីម្សិលមិញមានមនុស្សម្នាក់ត្រូវគ្រោះថ្នាក់ឡានបុក ។
삐 멋살먼 미은 머누머네아 꾸루어트나 란복.

그는 다리가 부러지고 머리가 깨졌어요.
គាត់បាក់ជើងហើយនិងបែកក្បាល ។
꼬앝 바쯩 하으이능 바익 끄발.

병원 60

កើតអីទេ	까읃아이떼이	무슨 일 있어요
ក្តៅខ្លួន	끄다오 클루운	몸에 열이 있다
ឈឺក្បាល	츠으끄발	머리가 아프다
ចេះតែ	쩨다에	언제나. 늘
មិនស្រួលខ្លួន	먼쓰루얼	불편한
ឆ្លង	츨렁	넘다. 옮기다

의사는 그의 온몸에 깁스를 했었습니다.

គ្រូពេទ្យបង្ហើបស៊ីម៉ង់ពេញទាំងខ្លួនរបស់គាត់ ។
꾸루뻿 벙씨멍 뻰떼앙 클루운로버 꼬앋.

입원한 저 사람은 어디가 아픈가요?
មនុស្ស ដេកលើគ្រែនោះឈឺអី ?
머누 데익르 끄레 누 츠으아이?

병원 61

참고 단어

ផ្ដាសាយ	프다싸이	감기
អ្នកណាម្នាក់	네아나 머네아	누구에게서
ម្សិលមិញ	멋쌀먼	어제
មនុស្ស	머누	사람. 인간
គ្រោះថ្នាក់	꾸루어트나	위험
ឡាន	란	자동차
បុក	복	충돌
បាក់ជើង	바쯩	다리가 부러지다
បែកក្បាល	바익끄발	머리가 깨지다
បំងសីុម៉ង់	벙씨멍	붕대
ពេញទាំងខ្លួន	뻰떼앙 클루운	온몸
ដេកលើគ្រែ	데익르 끄레	입원
ញ្ជរខ្លួន	뇨아클루운	떨리다
យួរៗមួង	유유머동	이따 끔
ក្ដៅរងារ	끄다으 롱이어	몸에 열이 있다
ប្រាកដ	뿌라껏	확실한
ធ្មេញ	트멘	치아
ដង្កូវស៊ី	덩꾸우씨	충치

សំអាត	썸앝	깨끗하다
ដូចជា	도웃찌어	~같다
ចម្លែក	쩜라익	이상한
ជំងឺរាគមូល	쯤응으리옥 물	이질
អាសន្នរោគ	아썬나록	코레라
ជំងឺពោះវៀនដុះខ្នែង	쯤응으 뿌어위은 도 크나엥	맹장염, 중수 염
ចុកពោះ	쪽 뿌어	위통 증
វះ	웨아	째다
វះកាត់	웨아 깓	수술하다
មុខរបួស	목 러부어	처

병원 63

9. 관광 ទេសចរណ៍

ទេសចរណ៍	떼쓰쪼	관광
ទៅមើល	떠으 멀	구경하다
កន្លែង	껀라엥	장소
ផ្សេងៗ	푸쎄잉 푸쎄잉	이것 저것

오늘 무엇을 하고 싶으세요?
ថ្ងៃនេះលោកចង់ធ្វើអ្វី?
틍아이니 록쩡 트워 어와이?

프놈펜 시내 이곳 저곳을 보고 싶은데.
ខ្ញុំចង់ទៅមើលកន្លែងផ្សេងៗក្នុងទីក្រុងភ្នំពេញ។
크념쩡 떠으멀 껀라엥 프세잉~ 띠꾸롱 쁘놈뻰.

제가 당신을 모시겠습니다.
ខ្ញុំនឹងជូនលោកទៅ។
크념 능 쭌 록 떠으.

저는 관광 청에서 일을 하고 있습니다.
ខ្ញុំធ្លាប់ធ្វើការនៅក្រសួងទេសចរណ៍។
크념 틀로압 트워까 너으 꾸러수웅 떼쓰쪼.

당신 오늘 바쁘지 않아요?
ថ្ងៃនេះលោកអត់រវល់ទេ ឬ ?
틍아이니 록 얻 로월떼이 르?

관광 64

ទីក្រុងភ្នំពេញ	띠꾸롱 쁘놈뻰	프놈펜시내
ជូន	쭌	위하여
ធ្លាប់	틀로압	익숙한. 습관적
ធ្វើការ	트워 까	일하다.
ក្រសួងទេសចរណ៍	꾸러쑤웅 떼쓰쪼	관광 청
អត់រវល់	얻 로월	바쁘지 않다

내, 오늘 하루 휴일 입니다.
បាទ ខ្ញុំនៅរពេញមួយថ្ងៃ ។
밭 크념 뚬네 뻰 모이틍아이.

우선 쁘레아위히어 뿌레아까에우로 갈 것입니다..
មុនបង្អស់ខ្ញុំនឹងជូនលោកទៅមើលព្រះវិហារព្រះកែវ ។
문벙어 크념 능 쭌록떠으멀 쁘레아위히어 쁘레아 까에우.

이 절은 프놈펜에서 제일 아름다운 절입니다.
គឺជា ព្រះវិហារមួយល្អជាងគេនៅភ្នំពេញ ។
끄찌어 쁘레아위히어 모이 러어 찌응께 너으 쁘놈뻰.

저곳은 열차 역 입니다.
នោះគឺជាស្ថានីយ័អាយស្ម័យយាន ។
누 끄찌어 쓰타니 아이아 쓰마이 이은.

관광 65

ទំនេរ	뚬내	자유. 여가
ពេញមួយថ្ងៃ	뻰모이틍아이	하루 종일
មុនបង្អស់	몬벙어	먼저. 우선
ព្រះវិហារព្រះកែវ	쁘레아위히어쁘레아까에우	절 이름
ល្អជាងគេ	러어찌응께	제일 좋다
ស្ថានីយ៍	쓰타니	역. 장소

이 열차는 태국 국경까지 갑니다.
រទេះភ្លើងនេះទៅដល់ព្រំដែន ស្រុកថៃ ។
롯떼플릉 떠으덜 뿌롬다인 쓰록타이.

이 쁘레아위히어는 매우 아름답고 보아야 할 절입니다.
ព្រះវិហារនេះស្អាតគួរអោយចង់មើលណាស់ ។
쁘레아 위히어 니 싸앝 꾸아오이 쩡멀나.

오 저기 많은 사람들이 저곳에서 무엇을 하나요?
អូ មានមនុស្សច្រើនណាស់. គេមកកន្លែងនេះធ្វើអី?
오 미은머누 찌란나 께이목 껀라엥니 트워아이?

예 그들은 치성 드리러 온 사람들 입니다.
បាទ គេមកថ្វាយបង្គំព្រះ ។
밭 께이 목 투와이 벙꿈 쁘레아.

저 넓은 곳은 무엇을 하는 곳인가요?
កន្លែងធំនោះ គឺអី ?
껀라엥 톰누 끄 어와이?

관광 66

អាយស្ម័យយាន	아이아 쓰마이이은	열차. 기차
រទេះភ្លើង	롯떼플릉	열차. 기차
ព្រំដែន	쁘롬다인	국경. 한계
ស្រុកថៃ	쓰록타이	태국국경
ស្អាត	싸앋	아름답다
គួរអោយ	꾸아오이	~할 가치가 있다

저곳 은 왕궁 입니다.
នោះ គឺ ជា ព្រះបរមរាជវាំង ។
누 끄찌어 쁘레아버롬리얻 웨앙.

말하기가 무척 어렵군요.
ពាក្យនោះពិបាកថាណាស់ ។
삐어 누 삐바 타 나.

그러면 그냥 웨앙이라 불러도 되요.
អញ្ចឹងហៅថាវាំង ទៅក៏បានដែរ ។
언쩡하으타 웨앙 떠으 꺼반 다에.

관광객들이 들어가 볼 수 있나요?
ទេសចរណ៍អាច ចូលមើលវាំងបានទេ ?
떼쓰쪼 앋 쪼울 멀 웨앙 반떼이 ?

일요일을 제외하곤 매일 엽니다,
គេបើកគ្រប់ថ្ងៃលើកលែងតែថ្ងៃអាទិត្យ ។
께이 바욱 로알틍아이 륵렝따에 틍아이아뜯.

관광 67

ថ្វាយបង្គំ	투와이 벙꿈	경의를 표하다
ព្រះ	쁘레아	뛰어난
ព្រះបរមរាជវាំង	쁘레아버롬리엇웨앙	왕궁
ពិបាកថាណាស់	삐바타나	말하기 어렵다
ហៅថា	하으타	부르다
ចូល	쪼울	입장

가서 왕궁에 들어갈 수 있는지 물어볼게요.

ខ្ញុំនឹងទៅសុំច្បាប់អនុញ្ញាតចូលវាំង ។

크념 능 떠으 쏨 쯔밥 아누냐ㅌ 쪼울 웨앙.

지금 다른 장소로 가나요?

តទ្បូវទៅកន្លែងណាទៀត ?

아일러으 떠으 껀라엥나 띠읕?

가까운 곳에 왙온나라옴 이란 절에 갑니다.

បាទទៅមើលវត្ដឧណ្ណាលោមនៅជិតនេះ ។

밷 떠으멀 왙온나라옴 너으 쯥니.

이곳은 원로스님이 기거 하는 곳 입니다.

នោះ គឺជាកន្លែងសំរាប់លោកសង្ឃចាស់ទៅ ។

누 끄찌어 껀라엥 썸무랍 록성 꿍 너으.

그 밖에 쁘레아위히어의 사리탑이 있고

ក្រៅពីនោះ មានព្រះវិហារចេតិយផ្សេងៗ ។

끄라우삐누 미은 쁘레아위히어 쩨따이 프세잉~.

관광 68

លើកលែងតែ	륵렝따에	제외하다
ថ្ងៃអាទិត្យ	틍아이아뜯	주말
ច្បាប់	쯔밥	규칙.
អនុញ្ញាត	아누냩	허가
វត្តឧណ្ណាលោម	왙온나라옴	힌두족의 절
នៅជិតនេះ	너으쯭니	근처에

그리고 화장장 등이 있습니다.
ហើយនិងមានបាំឆាបូជាសព។
하으이 능 미은 빠차보우찌어 썹.

지금 왙프놈을 보도록 당신을 모시겠습니다.
ឥឡូវ ខ្ញុំជូនលោក ទៅមើលវត្តភ្នំ។
아일러우크념 쭈록 떠으 멀 왙프놈.

이 절은 프놈펜시내의 산 정상에 있습니다.
វត្តនោះគឺជាវត្តខ្ពស់ជាងគេបំផុតនៅភ្នំពេញ។
왙 누끄찌어 왙 크뿌어 찌응께 범폳 너으 쁘놈뻰.

지금 박물관을 보길 원 하십니까?
ឥឡូវលោកចង់មើលសាលារចនាទេ?
아일러우 록 쩡멀 쌀라랏쩨나 떼이?

예, 그곳엔 무엇이 있습니까?
បាទ ទៅ. នៅកន្លែងនោះ មានអ្វីខ្លះ?
밭 떠으 너으 껀라엥누 미은 어와이클라?

관광 69

សំរាប់	썸므랍	위하여
លោកសង្ឃ	록씽	성직자. 승려
គង់	꽁	승려의 숙소
ក្រៅពីនោះ	끄라우삐누	그 밖에
ចេតិយ	쩻따이	사리 탑
ប៉ាឆាបូជាសព	빠차보우찌어썹	화장장

그곳엔 보석 류, 왕궁소장의 보석과 같은 고대 유물들이 잘 진열 되여 있습니다.

នៅទីនោះមានតាំងវត្ថុបុរាណ ដូចជាក្បាច់ចម្លាក់

자네들 언제 씨므렙에 가 보았었어?

តើអ្នកដែលទៅសៀមរាប ទេ?
따으 네아 다엘떠으 씨므렙 떼이?

난 아직 씨므렙엘 못 가봤어요.

ខ្ញុំមិនដែលទៅលេងសៀមរាបទេ ។
크념 먼다엘 떠으랭 씨므렙 떼이 .

그러면 우리 지방으로 여행한번 하자.

អញ្ចឹងយើងចង់បានការធ្វើដំណើរតាមឡានទៅខេត្ត ។
언쩡 여응 쩡반 까트워덤나으 땀란 너으카엘.

관광 70

វត្តគុំ	왙프놈	절 이름
ខ្ពស់	크뿌어	높은
បំផុត	범펄	가장
សាលារចនាគរ	쌀라랏쩨나	박물관
សៀមរាប	씨므렵	지방이름
មិនដែល	먼다엘	아직

클락숀을 울리며 가자.

ចុចស៊ីរែនទៅ ។
쯧 씨쁘레이 떠으.

씨므렵은 몇 km 가야 도착 할 수 있어?

ប៉ុន្មានគីឡូម៉ែត្របានទៅដល់សៀមរាប ?
뽄만 끼로마엩 반 떠으달 씨므럽?

여기서부터 씨므렵까지는 300km 쯤 되지.

ពីទីនេះទៅសៀមរាបចម្ងាយប្រហែលបីរយគីឡូម៉ែត្រ ។
삐띠니 떠으 씨므렵 쯤응아이 쁘러하엘
바이로이 끼로마엩.

씨므렵에서 앙꼬르왓까지는 6km 쯤 가야 돼.

ពីសៀមរាបទៅអង្គរវត្តប្រាំមួយគីឡូម៉ែត្រ ។
삐 씨므렴 떠으 앙꼬왙 쁘람모이 끼로마엩.

이 길 구불구불 한것이 꽤 심하군.

ផ្លូវនេះក្រែងក្រុកខ្លាំងណាស់ ។
플러우니 끄렁엑끄룽옥 클랑 나.

관광 71

យើង	여응	우리
ការធ្វើដំណើរ	까트워덤나으	여행
តាមឡាន	땀란	자동차로
ខេត្ត	카엩	지방
ចុច	쫏	울리다
ស៊ីប្ភេ	씨쁘레이	경적

꽤 조심해서 운전 해야 되겠는데.
បើកឡានឱ្យប្រយ័ត្នមែនទែនទៅ ។
바옥 란 아오이뿌러얕 멘뗀 떠으.

조용히 앉아 있으시죠.
អង្គុយអោយស្ងៀមទៅ ។
엉꾸이 아오이 승이음 떠으.

운전하는 나를 믿어야지.
ទុកចិត្តលើ ខ្ញុំចុះខាងបើកឡាន ។
뚝쯧 르 크념쯔 캉바옥 란.

나는 이길를 자주 오는 편이야.
ខ្ញុំឧស្សាហ៍មកតាមផ្លូវនេះណាស់ ។
크념 욱싸 목 땀플러으니 나.

우선 잠시 화장실에 다녀 오세나.
ចាំបន្តិចយើងទៅបត់ជើងសិន ។
짬 번떽 여응 떠으벝쯩 썬.

ពីទីនេះ~ទៅ	삐띠니~떠으	~부터 ~까지
ចម្ងាយ	쯤응아이	거리
បីរយ	바이로이	300
គីឡូម៉ែត្រ	km	km
អង្គរវត្ត	앙꼬왙	앙꼬르 왓
ប្រាំមួយ	쁘람모이	6

씨므렙에 거의 다 온 것 같은데.
ខ្ញុំគិតថា ទើបតែមកដល់សៀមរាប ។
크념끝타 떠읍따에 목달 씨므렙.

씨므렙은 오래된 고도이지.
សៀមរាបជាទីក្រុងចាស់ ។
씨므렙찌어 띠 꾸롱 짜.

볼것이 무엇이 있지요?
កន្លែងកំសាន្តទីនោះមានអ្វីខ្លះ?
껀라엥 꼼산 띠 니 미은 어와이 클라?

이곳에는 1,080 여 개의 크고 작은 절 들이 있지.
នៅទីនេះមានប្រាសាទតូចធំជាង១០៨០ ។   너으띠니
미은 쁘라쌀 또웃 톰 찌응 모이뽀안빠엣썹.

사원과 불상들이 많이있지요.
មាន វត្ថុនិងព្រះពុទ្ធរូបផ្សេងៗច្រើនណាស់ ។
미은 왙틍 뿌레아뿔터룹 푸세잉~찌란나.

관광 73

ផ្លូវ	플러우	도로
ក្រេងកក្រុងុក	끄렁엑끄룽옥	꾸불 꾸불한
ខ្លាំងណាស់	클랑 나	심하다
បើកឡាន	바욱 란	운전하다
ប្រយ័ត្ន	쁘러앝	조심하다
មែនទែន	멘뗀	정말

이곳은 장엄한 종교유적지 입니다.
ទីនេះកន្លែងតំកល់សាកសពភាពរុងរឿង ។
띠니 껀라엥 떰껄싸썹 피읍 롱르엉.

그러나 유명한 절을 보려면.
ប៉ុន្តែប្រាសាទដែលគួរឱ្យចង់គយគន់មាន
번따에 뿌러쌉 다엘 꾸아오이 쩡 꼬이꾼 미은.

앙코르왓, 바카엥, 번디이쓰라이 와
ប្រាសាទអង្គរវត្ត,បាសាទបាខែង,ប្រាសាទបន្ទាយស្រី,
뿌라쌉앙꼬월,바카엥, 번디이쓰라이,

뿌라쌉쁘레아꼬, 따쁘름,쁘레아칸,
ប្រាសាទព្រះគោ ,ប្រាសាទតាព្រហ្ម,ប្រាសាទព្រះខ័ន,
뿌라쌉쁘레아꼬, 따쁘름, 뿌라쌉쁘레아칸

뿌라쌉번디이츠마, 니억뽀안, 뿌랕쌉바뿌운,
ប្រាសាទបន្ទាយឆ្មា,បាសាទនាគព័ន្ធ,ប្រាសាទបាពួន,
뿌라쌉번디이츠마. 뿌라쌉니억뽀안. 바뿌운

관광 74

ស្ងៀម	승이음	조용히
ទុកចិត្តលើ	뚝쩟 르	믿다
ឧស្សាហ៍	욱싸	자주
ចាំបន្តិច	짬번떽	잠시
ទៅបត់ជើង	떠으벌쯤	화장실에 가다
ទើបតែ	떠읍따에	거의. 단지

뿌라쌀앙꼬톰, 뿌랕쌀바이요안 등이다.

ប្រាសាទអង្គរធំ, ប្រាសាទបាយ័ន។

뿌라쌀 앙꼬톰, 뿌라쌀 바이요안,

비록 웅장한 종교적인 고대의 유적이지만,

ទោះបីជាប្រាសាទខុសជាកន្លែងតំកល់សាកសពបុព្វបុរស

뚜어바이 찌어 뿌랕쌀 클라 찌어 껀라엥 떰껄싸썹 봅뻬아보러,

관광객 들은 필히 이곳에서 바라보는

ក៏ដោយក៏ភ្ញៀវទេសចរណ៍ ¾ ចង់ទៅទស្សនានៅទីនោះ

꺼 다오이 꺼 핑이유떼쓰쪼 쩡 뚜쓰나 너으띠 누

석양에 바카엥절의 아름다움을 보아야 한다.

ដែរនៅប្រាសាទបាខែងពេលថ្ងៃលិចស្អាតណាស់ ។

다에 너으 뿌라쌀바카엥 뻴 틍아이렛 싸앝나.

오, 하나님, 이럴수가...

ឱព្រះជាម្ចាស់ អូហ៍! អស្ចារ្យណាស់ ។

아오 쁘레아 찌어 몆짜 호 어짜나.

관광 75

참고 단어

មកដល់	목덜	도착하다
ទីក្រុងចាស់	띠꾸롱 짜	고도(옛도시)
កំសាន្ត	꼼싼	쉬다. 구경
ប្រាសាទ	뿌라쌑	절
តូច	또웃	작은
ធំ	톰	큰
ជាង	찌응	많다. 기술자
១០៨០	모이뽀안빠엣썹	1080
ព្រះពុទ្ធរូប	뿌레아뿥터룹	불상
តំកល់សាកសព	떰껄쌋썹	유적지
ភាពរុងរឿង	피읍롱르엉	장엄한
គួរឱ្យចង់	꾸아오이 쩡	가치가 있다
គយគន់	꼬이꾼	관찰하다
ប្រាសាទអង្គរវត្ត	뿌라쌑앙꼬왇	
បាសាទបាខែង	뿌라쌑바카엥	
ប្រាសាទបន្ទាយស្រី	뿌라쌑번디이쓰라이	
ប្រាសាទព្រះគោ	뿌라쌑뿌레아꼬	
ប្រាសាទតាព្រហ្ម	뿌라쌑따쁘름	
ប្រាសាទព្រះខ័ន	뿌라쌑뿌레아칸	

ប្រាសាទបន្ទាយឆ្មា	쁘라쌀번디이츠마	
បាសាទនាគព័ន្ធ	쁘라쌀니억뽀안	
ប្រាសាទបាពួន	쁘라쌀바푸운	
ប្រាសាទអង្គរធំ	쁘라쌀앙꼬르톰	
ប្រាសាទបាយ័ន	쁘라쌀바이요안	
ទោះបីក៏ដោយក៏	뚜어바이꺼다오이꺼	비록~하지만
បុព្វបុរស	봅뻬아보러	고대의
ទស្សនា	뚜쓰나	보다
ពេលថ្ងៃលិច	뻴틍아이렛	석양
ឱព្រះជាម្ចាស់	아오쁘레아 멎짜	오하나님

10. 쇼핑 ការដើរទិញតវ៉ាន់

ការដើរទិញតវ៉ាន់	까덤너으뗀 아이완	쇼핑
ចូលក្នុង	쪼울크농	들어가다
ផ្សារ	푸싸	시장
សំភារៈ/ទំនិញ	썸피아레아. 뚬렌	물건. 상품

시장이 어디에 있지요?

ផ្សារ នៅឯណា?

푸싸 너으 아에나?

들어가서 우선 구경부터 하자.

ចូលក្នុងនៅផ្សារ មើលសិន ។

쪼울크농 너으 푸사 멀 썬

물건들이 정말 많이 있구나.

អូ សំភារៈច្រើនមុខណាស់ ។

오 썸피아레아 찌란 목나.

손님 무엇이 필요 하신지요?

លោកត្រូវការអ្វីហ្នឹង?

록 뜨러우까 어와이능?

아니에요, 구경만 할려구요.

អត់អីទេ,ខ្ញុំគ្រាន់តែមើលទេ ។

얻아이떼이. 크념 끄로안따에 멀 떼이.

쇼핑 78

មុខ	목	종류. 얼굴
អត់អីទេ	얻아이떼이	아니에요
គ្រាន់តែ	끄로안 따에	오로지
លក់	루어	팔다
សាច់ជ្រូក	쌋 찌룩	돼지고기
គុណភាព	꾼너피읍	품질

이것이 무엇 이에요?
នេះគឺជាអ្វី ហ្នឹង?
니 끄찌어 어와이능?

어떻게 팔아요?
លក់យ៉ាងម៉េច?
루어양멧?

이 돼지고기는 질이 좋은데요.
សាច់ជ្រូកនេះ គុណភាពល្អណាស់ ។
쌋찌룩 니 꾼러피읍 러어나.

여기 목살로 2 kg 만 주세요.
អោយសាច់ជ្រូកខ្ញុំពីរគីឡូ ។
아오이 쌋찌룩 꺼 크넘 삐낄로.

야채상점은 어디에 있어요?
ហាងបន្លែនៅឯណា?
항 번라에 너으아에나?

쇼핑 79

ឡូណាស់	러어나	참좋다
ក	꺼	목
ហាង	항	상점
បន្លែ	번라에	야체
មីង	밍	아주머니
តាំងអោ	떵아오	쑥깟

아줌마 쑥깟 있어요?

មីង មានតាំងអោទេ?

밍 미은 떵아오 떼이

싱싱해요? 우선 봅시다.

តើស្រស់ទេ? មើលសិន។

따으 쓰러떼이? 멀 썬

쑥깟과 상추를 1kg 씩 주세요.

តាំងអោនឹងសាឡាត់ នេះមួយគីឡូឱ្យខ្ញុំ។

떵아오 능 쌀랕니 모이끼로 아오이 크넘.

모두 얼마 이지요?

ទាំងអស់ ថ្លៃប៉ុន្មាន?

떠앙어 틀라이 뽄만?

더 필요한 것 있으십니까?

លោកមានត្រូវការអ្វីទៀតទេ?

록 미은 뜨러우까 어와이 띠읃 떼이.

쇼핑 80

ស្រស់	쓰러	싱싱하다
សាឡាត់	쌀랃	상추
ទៀត	띠읃	더
គ្រប់គ្រាន់	꾸룹꾸로안	충분하다
ថ្លៃម្លេះ	틀라이 멀레	비싸다
ចុះថ្លៃ	쪼틀라이	D/C 하다

아니. 충분 합니다.

បាទអត់ទេគ្រប់គ្រាន់ហើយ ។

받 얻떼이 꾸룹끄로안 하으이.

그러나 값이 너무 비싸다.

ប៉ុន្តែថ្លៃម្លេះ ។

뻔따에 틀라이 멀레.

조금 덜 할 수 없습니까?

សូមទោសមិនចុះថ្លៃបន្តិចបានទេ?

쏨또 밍 쪼틀라이 번뗃 빤떼이?

거스름 돈은 팁입니다.

អាប់លុយនេះសំរាប់អ្នក ។

압로이니 썸旦랍 네아.

이것잠시 여기 맡겨둘 수 있어요?

ខ្ញុំ សូមផ្ញើទុកនៅទីនេះបានទេ?

크념 쏨 핑야으똑 너으띠니 빤떼이?

쇼핑 81

បន្តិច	번뗏	잠시. 조금
បានទេ	빤떼이	가능하다
អាប់លុយ	압로이	거스름 돈
ផ្ញើទុក	핑야으똑	관. 보내다
កុំព្រួយ	꼼뿌루이	걱정하지 마라
ទៅមកវិញ	떠으목웬	다녀오다

걱정하지 말고 다녀요세요.
កុំព្រួយ ទៅមកវិញ ។
꼼 뿌르이 떠으 목 웬.

이 큰오렌지 다 익었나 않익었나?
ក្រូចធំនេះទុំហើយរឺនៅ ?
끄로웃톰니 똠 하으이 르 너으?

다 익었어요. 한번 들어 보세요.
ទុំហើយសាកល្បងញុំាមួយដងមើល ។
똠 하으이 싸러벙 얌 모이딩 멀.

이 상점 포도가 참 맛있어요.
ហាងនេះទំពាំងបាយជូរឆ្ងាញ់ជាង ។
항니 뚬뻬앙바이쭈 칭안 찌응.

이 오렌지 무척 달구만.
ក្រូចនេះផ្អែមជាងគេ ។
끄로웃니 빠엠 찌응께.

쇼핑 82

ក្រូច	끄로웃	오렌지
ទុំ	똠	익다
សាកល្បង	싸러벙	해보다
មួយដង	모이덩	한번
ទំពាំងបាយជូរ	똠뻬앙바이쭈우	포도
ឆ្ងាញ់	칭안	맞있다

이 오렌지 1kg 에 얼마에요?

ក្រូចនេះ១គីឡូប៉ុន្មាន?

끄로웃니 모이낄로 뽄만?

2,500 리엘 입니다.

ពីរពាន់ប្រាំរយរៀល ។

삐 뽀안 뿌람로이 리엘.

비싸다. 2,000 리엘에 되요?

ថ្លៃម្លេះ ពីរពាន់បានទេ ?

틀라이 메 삐뽀안 빤떼이?

그리고 생 수한병과 영수증 주세요.

ទឹកបរិសុទ្ធ១យួរកិតល្អយទៅ ។

떡보리쏟 모이유어 끝로이 떠이.

모또, 올림픽 운동장 근처까지 얼마인가요?

ម៉ូតូនៅជាប់របងស្តាតអូឡាំពិចយកប៉ុន្មាន ?

모또 너으쪼압로벙 쓰탈올람삑 역 뽄만?

관광 83

ផ្អែម	빠엠	달다
ជាងគេ	찌응께	최상의 비교급
ពីរពាន់ប្រាំរយ	삐뽀안뿌람로이	2,500
រៀល	리엘	화폐단위
ថ្លៃម្ល៉េះ	틀라이 메	비싸다
ទឹកបរិសុទ្ធ	떡보리쏟	생수

2,000 리엘 입니다.
ពីរពាន់រៀល ។
삐뽀안 리엘.

1,500 리엘에 갈수 있어요?
១៥០០រៀលបានទេ?
모이뽀안 뿌람로이리엘 빤떼이?

천천히 갑시다.
ទៅយឺត១ ណាំ ។
떠으 니읃니읃 나.

난 일직 죽고 싶지가 않거든요.
ខ្ញុំ អត់ចង់ស្លាប់ឆ្លើនពេកទេ ។
크넘 얻쩡 쓸랍 르은뻭 떼이.

기념품을 사고 싶습니다.
ខ្ញុំចង់ទិញអនុស្សាវរីយ៍បន្តិច ។
크넘 쯩뗀 아누싸워리 번뗏.

관광 84

យួរ	유어	옮기다. 주다
គិតលុយ	끝로이	계산서
ម៉ូតូ	모또	오토바이
ជាប់របង	쪼압로벙	근처
ស្តាតអូឡាំពិច	쓰닫올람삑	올림픽운동장
យឺតៗ	니읃니읃	천천히

구경 좀 할 수 있을까요?
សូមមើលបន្តិចបានទេ?
쏨 멀 번뗃 빤떼이?

이것이 무엇 이지요?
នេះគឺជាអ្វីហ្នឹង?
니 끄찌어 어와이 능?

국기, 인형, 불상 등 입니다.
ទង់ជាតិកូនក្រមុំព្រះពុទ្ធរូបជាដើម ។
똥찌욷 꼬운끄러몸 쁘레아뿓터룹 찌어다음.

액세서리는 없습니까?
តើអត់មានគ្រឿងសំរាប់ស្លៀកពាក់?
따으 얻미은 끄릉썸르압쓰리윽뻬아?

이것 이것 이것 3 개를 주세요.
នេះមួយនេះមួយបីគ្រឿងឲ្យខ្ញុំ ។
니모이 니모이 바이끄릉 아오이 크늠.

쇼핑 85

ឡើនពេក	르은빽	빨리
អនុស្សាវរីយ៍	아누싸워리	기념품
ទង់ជាតិ	똥찌욷	국기
កូនក្រមុំ	꼬운끄러몸	장난감(어린이)
គ្រឿងសំរាប់ស្លៀកពាក់	끄릉썸므랍쓰리윽뻬아	액세서리
បង់លុយ	벙로이	지불하다

전부다 얼마 입니까?

ទាំងអស់ថ្លៃប៉ុន្មាន?

뗴앙어 틀라이 뽄만?

신용카드로 지불해도 됩니까?

ឱ្យបង់លុយបណ្ណឥណទានបានទេ ?

아오이 벙로이 빤안나띠언 빤떼이?

선물용으로 포장해주세요.

សូមខ្ចប់អំណោយឱ្យខ្ញុំផង ។

쏨 크젭 엄나오이 아오이 크념 펑.

골동품 상점이 어디에 있습니까?

តើអ្នកស្គាល់ហាងលក់វត្ថុបុរាណទេ?

따으 네아쓰꼬알 항루어 왙토보란 떼이?

그곳은 무엇을 타고 가지요?

បើសិនជាទៅទីនោះ តើត្រូវជិះអ្វី?

바으썬찌어 떠으띠누 따으 뜨러우찌 어와이?

쇼핑 86

បណ្ណឥណទាន	빤안나띠언	신용카드
អំណោយ	엄나오이	선물
ស្គាល់	쓰꼬알	알다. 이해하다
វត្ថុបុរាណ	왙토보란	골동품
បើសិនជា	바으썬 찌어	만일
ជិះ	찌	타다. 승차

여기가 화장품 상점 인가요?

ទីនេះហាងលក់គ្រឿងតែងម៉ែនទេ?

띠니 항루어 떱따엥 멘?

여성용 화장품을 사고 싶은데요.

ខ្ញុំចង់ទិញគ្រឿងតែងសំរាប់ស្រី ។

크념 쩡뗀 떱따엥 썸르압 쓰라이.

난 필히 메뉴큐어 향수 립스틱을 사야 해요.

ខ្ញុំត្រូវទិញលាបក្រចកទឹកអប់លាបបបូរមាត់ក្រហម ។

크념 뜨러우뗀 리읍끄러쩌 리읍버부어모앝 끄러험.

왜냐하면 그녀는 나의 애인이 거든요.

ព្រោះស្រីនោះអូនសំលាញ់របស់ខ្ញុំ ។

쁘루어 쓰라이 누 오운썸난 로버크념.

다른 것 더 필요치 않으세요?

របស់ផ្សេងៗទៀតមិនយកទេឬ?

로버 프쎄잉 프쎄잉 띠웉 먼 역떼이 르?

쇼핑 87

តុបតែង	떱따엥	화장품
ស្រី	쓰라이	여성
លាបក្រចក	리읍끄러쩌	메뉴큐어
ទឹកអប់	떡업	향수
លាបបបូរមាត់	리읍버부어모앝	립스틱
ក្រហម	끄러험	빨강
ព្រោះ	뿌루어	왜냐하면
អូនសំលាញ់	오운썸란	연인. 애인
សង្សារ	쏭싸	연인. 애인
ជីវា	찌와	연인. 애인

참고 단어

សាច់ជ្រូកភ្ជៅ	쌋찌룩 꺼	돼지고기목살
សាច់ជ្រូកបីជាន់	쌋찌룩바이쪼안	삼겹살
សាច់មាន់	쌋모안	닭고기
សាច់គោ	쌋 꼬	쇠고기
សាច់ក្រក	쌋끄러꺼	소시지
សាច់ទា	쌋띠어	오리고기
សាច់ត្រី	쌋뜨라이	생선
អង្ករ	엉꺼	쌀
សណ្ដែក	썬다익	콩
ពងមាន់	뽕모안	계란
ការ៉ុត	까롣	당근
ខ្ទឹម	크뜸	마늘
ខ្ទឹមបារាំង	크뜸바랑	양파
សណ្ដែកបណ្ដុះ	썬다익뻔더	콩나물
បារី	바라이	담배
១កញ្ចប់	모이껀접	한갑
មី	미	국수. 라면
ទឹកផ្លែឈើ	떡플레아처으	과일쥬스
១កំប៉ុង	모이깜뽕	한켄

ទឹកក្រូច	떡끄로웃	오렌지 주스
១កេស	모이께	한상자
ឪឡឹក	아울럭	수박
១ចំហៀង	모이쩜히응	반쪽
ប៉េងប៉ោះ	뻬잉뻐	토마토
ចេក	쩨익	바나나
១ស្និត	모이쓰넡	한송이
ស្ពៃក្តោប	쓰바익끄다웁	양배추
កន្លះ	껀라	반
ម្រេច	머렛	후추
១ខាំ	모이캄	100 그람

11. 이발관 ហាងកាត់សក់

ហាងកាត់សក់	항깥써	이발관
កាត់	깥	짜르다
សក់	써	머리
ម៉ូតដូច	모읕도웃	같은 모양

오늘은 이발소에 가야겠다.

ខ្ញុំត្រូវទៅហាងកាត់សក់ ថ្ងៃនេះ។

크념 뜨러우 떠으 항 깥써 틍아이니.

전 같은 모양으로 깎아주세요.

កាត់សក់ម៉ូតដូចពេលមុន។

깥써 모읕 도웃 뻴몬.

이발기계는 사용치 말아주세요.

សូម កុំប្រើម៉ាស៊ីនកាត់សក់។

쏨 꼼뿌라으 마씬 깥써.

너무 짧지 않게 깎아주세요.

កុំអោយខ្លីពេកផង។

꼼 아오이 클라이 뻭 펑.

조금 길게 깎아주세요.

អោយវែងបន្តិចផង។

아오이 웨잉 번떽 펑.

ពេលមុន	뻴몬	전과 같은
ប្រើ	뿌라으	사용하다
ម៉ាស៊ីន	마씬	기계
ខ្លីពេក	클라이 뻭	너무 짧다
វែង	웨잉	길다
កោរ	까오	면도

면도도 좀 하여 주십시오.

សូមកាត់កោរអោយខ្ញុំ។

쏨 깥 까오 아오이 크념.

머리 감겨 주세요.

សូមកក់សក់អោយខ្ញុំផង។

쏨 꺼써 아오이 크념 펑.

너무 뜨겁지 않은 물로 해주요.

ទឹកមិនសូវក្តៅទេ។

떡 먼 쏘우 끄다우 떼이.

머리기름은 바르지 말고요.

សូមកុំលាបប្រេងសក់។

쏨 꼼 리읍뿌렝 써.

나 파마를 하고 싶은데요.

ខ្ញុំចង់អ៊ុតសក់។

크념 쩡 호옽 써.

កក់	꺼	감다
មិនសូវ~ទេ	먼쏘우~떼이	너무~하지 않다
ក្តៅ	끄다우	뜨겁다
លាប	리읍	바르다
ប្រេងសក់	뿌렝 써	머릿 기름
អុតសក់	호옫 써	파마

세수 좀 하겠습니다.
ខ្ញុំត្រូវការលុបមុខខ្ញុំ។
크념 뜨러우 까 롭목 크념.

얼굴 화장을 해 주세요.
សូមជួយតុបតែងមុខឱ្យខ្ញុំផង។
쏨 쭈어이 떰따엥목 아오이 크념 펑.

메뉴큐어도 해주세요.
សូមជួយធ្វើលាបក្រចកឱ្យខ្ញុំផង។
쏨 쭈어이 트워 리읍끄러쩌 아오이 크념 펑.

고마워요 수고하셨어요.
អរគុណរំខានអ្នកច្រើនណាស់។
어꾼 룸칸네아 찌란 나.

먼저가겠습니다.
លាសិនហើយណា។
리어썬 하으이나.

참고 단어

លុបមុខ	롭목	세수하다
ជួយ	쭈어이	돕다
ក្រចកដៃ(ជើង)	끄러쩌다이(쯩)	손톱(발톱)
លាបក្រចក	리읍 끄러쩌	메뉴큐어
អរគុណ	어꾼	고맙다
រំខាន	룸칸	방해
ឧបសគ្គ	읍버싸	괴롭히다
លា	리어	떠나다
ពុកមាត់	뽁모앝	콧수염
ពុកចង្កា	뽁쩡까	턱수염

12. 스포츠 កីឡា.ស្ពរ

កីឡា	께일라	운동
កូនសិស្សខ្មែរ	꼬운써 크마에	크마에 학생
លេង	렝	즐기다
បាល់ទាត់	발 또앝	축구

캄보디아 학생들은 무슨 운동을 즐기나요?
កូនសិស្សខ្មែរលេងកីឡាអ៊ីខ្លះ?
꼬운써 크마에 렝 께일라 어와이클라?

그들은 축구 배구 제기차기 등을 즐깁니다.
គេលេងបាល់ទាត់បាល់ទះនិងទាត់សីជាដើម
께이 렝 발또앝 발떼아눙 또앝싸이 찌어다음.

제기차기는 크마에의 전통적인 운동입니다.
ទាត់សីនេះគឺជាដោយប្រកាន់ទំនៀមទំលាប់កីឡានៅស្រុកខ្មែរ ។
또앝싸이 니 끄찌어 다오이 뿌러깐 뚬니음
뚬로압 께일라 너으 쓰록크마에.

이 운동은 둥글게 서서 제기를 땅에 떨어트리지 않고 차며 즐긴다
កីឡានេះឈរព័ទ្ធវង់ទាត់សីពីមួយទៅមួយមិនឲ្យធ្លាក់ដល់ដីទេ ។
께일라 니 처 뽀앝웡 또앝싸이
삐모이 떠으모이 먼아오이 틸레아 덜다이이떼이.

운동 95

បាល់ទះ	발 떼아	배구
ទាត់សី	또앝싸이	제기차기
ដោយ	다오이	따르다
ប្រកាន់	쁘러깐	유지하다
ទំនៀមទំលាប់	뚬니음 뚬로압	전통. 습관
នៅស្រុកខ្មែរ	너으 쓰록크마에	캄보디아의

손을 제외한 온 몸을 사용 할 수 있다.
ក្រៅពីដៃដែរប្រើបានខ្លួនទាំងអស់ ។
끄라우삐 다이 쁘라으 반 클루운 떼앙어.

당신은무슨운동을좋아해요?
លោកចូលចិត្តកីឡាប្រភេទណាដែរ?
록 쪼울찟 께일라 쁘러펫나 다에?

난 골프를 좋아해요.
ខ្ញុំចូលចិត្តវៃកូនគោលដែរ ។
크념 쪼울찟 와이꼰 꼴 다에.

내일 우리 골프를 치러 가는게 어때?
យើងនឹងទៅលេងវៃកូនគោលយល់នៅ?
여응능 떠으 렝 와이꼰꼴 욜 너으?

내일 아침 5 시에 우리 집으로 모여.
ជួបស្អែកព្រឹកម៉ោងប្រាំនៅផ្ទះខ្ញុំ ។
쭈옵 싸엑쁘럭 마웅쁘람 너으푸떼아 크념.

운동 96

ឈរព័ទ្ធវង់	처뽀알 웡	둥글게 서다
ពីមួយទៅមួយ	삐모이 떠으모이	이리 저리
មិនឱ្យ	먼 아오이	~ 하지 않는다
ធ្លាក់ដល់ដី	틸레아 덜다이	땅에 떨어지다
ក្រៅពី	끄라우 삐	~을 제외하다
ដៃ	다이	손

캄보디아에는 골프장이 5 곳이 있어.

នៅស្រុកខ្មែរមានកន្លែងវៃកូនគោលប្រាំ ។

너으 쓰록크마에 미은 껀라엥 와이꼰꼴 뿌람.

씨므렵에 3 곳과 깜뽕쓰뿌에 2 곳이지.

នៅសៀមរាបបីហើយនៅកំពង់ស្ពឺពីរ ។

너으 씨므렵 바이 하으이능 껌뽕쓰뿌 삐.

오늘 날씨가 덥지도 춥지도 않고 딱이구만.

អាកាសធាតុឈ្មមអត់ត្រជាក់អត់ក្តៅ ។

아까쓰띠은 르몸 얼 뜨러찌아 얼 끄다으.

난 식전이라 몹시 시장한데.

ខ្ញុំអត់ទាន់ញាំុបាយឃ្លានខ្លាំងណាស់ ។

크념 얼또안 얌바이 클리언 클랑 나.

좋지, 국수 한 그릇씩 먹지 뭐.

ហ្នឹងហើយចង់ញាំុគុយទាវ មួយចានផង ។

능하으이 쩡남 꾸이띠우 모이짠 펑.

운동 97

ប្រើបាន	쁘라으 반	사용 할 수 있다
ខ្លួនទាំងអស់	클루운 떼앙어	온몸
ចូលចិត្ត	쪼울찟	좋아하다
ប្រភេទ	뿌러펫	종유
វៃកូនគោល	와이꼰 꼴	골프
យល់	욜	알다

난 돼지고기 덮밥 한 그릇 먹을 거야.
ខ្ញុំត្រូវញ៉ាំបាយសាច់ជ្រូក ។
크념 뜨러우 얌 바이쌋찌룩.

빨리 옷 갈아입고 준비 하세.
ផ្លាស់ខោអាវរៀបចំស្លៀកពាក់ធ្វើខ្លួនអោយ ឆាប់ឡើង ។
플라 카오아으 리읍쯤
쓸리옥뻬아 트워클루운 아오이 찹 라응.

복장들이 잘들 어울리는 구만.
ស្លៀកពាក់សមណាស់ទាំងអស់ ។
쓸이옥 뻬아 썸나 떼앙어.

그러면 내기에 관한 룰을 결정을 했다.
អញ្ចឹងខ្ញុំសំរេចច្បាប់លេងវៃកូនគោលសំរាប់
ការភ្នាល់ឈ្នេះគ្នា ។
언쯩크념 썸므롯 쯔밥 렝 와이꼰 꼴 썸므랍
까 푸노알 러바잉크니어.

ស្អែកព្រឹក	싸엑뿌럭	내일아침
ម៉ោងប្រាំ	마웅뿌람	5 시
ផ្ទះ	푸떼아	집
កំពង់ស្ពឺ	깜뽕쓰뿌	지방이름
អាកាសធាតុ	아까싸띠얼	날씨. 기상
ល្មម	르몸	적당하다

게임이 끝났을 때 진침이 이긴 팀에게
저녁을 사야 합니다.

ពេលដែលល្បែងកំសាន្តចប់ក្រុមដែលចាញ់ត្រូវទិញបាយល្ងាចអោយក្រុមឈ្នះ ។

뻴 다엘 러바잉 꼼싼 쩝 끄롬 다엘 짠 뜨러우 뗀바이 릉이엣 아오이 끄롭츠네아.

모두들 인정하겠습니까?

យល់ព្រមទាំងអស់ ?

율뿌롬 떼앙어?

Ok 인정하고, 시작 합시다.

បាទចាប់ផ្ដើមវៃកូនគោល ។

밭 짭푸다음 와이꼰 꼴.

캐디 드라이버 갖다 줘요.

ខេឌីអោយលេខមួយឈើតាត់ ។

케디 아오이 렉모이처으 꼬앝.

운동 99

ត្រជាក់	뜨러찌아	춥다
បាយសាច់ជ្រូក	바이쌋찌룩	돼지고기 밥
ផ្លាស់	플라	바꾸다
ខោអាវ	카오 아으	상.하의
រៀបចំ	리읍쩜	준비
ស្លៀកពាក់	쓸리윽 뻬아	상.하의 입다

이 홀은 파 4, 여기가 티 박스이에요.
ទីនេះប្រអប់ធីកម្រិតចំនួនបួន (ហុល) ។
띠니 쁘러업티 껌릿 쩜누운 부언(골).

자네 폼은 좋았는데 스라이스야.
លោកអ្នកម៉ូដស្អាតណាស់តែបាល់នោះខាងស្តាំដៃ ។
록네아 모운 싸앝나 따에 발누 캉쓰담다이.

구름을 가르며 날아간 저 볼 엄청멀리갔다
បាល់នោះឆ្លាយដល់ពពកដែលកំពុងហោះកាត់មេឃ ។
발 누 칭아이 덜 뽀뽁 다엘깜뽕허 깥메이.

아깝구나. 저 볼.
អូ គួរអោយអាណិតបាល់នោះ ។
오 꾸아어이넡 발 누.

여기서 가까운 곳에 폭포가 있다.
មាន ទឹកជ្រោះមួយកន្លែង នៅជិតនេះ ។
미은 떡쭈루어 모이 껀라엥 너으 쯧니.

운동 100

ឆាប់ឡើង	찹 라웅	빨리
សំរេច	썸르랏	결정하다
ការភ្នាល់ល្បែង	까푸노알 러바잉	내기
ពេលដែល	뻴 다엘	~ 할때
ល្បែងកំសាន្ត	러바잉 꼼싼	게임. 시합
ចប់	쩝	끝나다

그곳엔 산이 있어 등산도 가능한데.
មានភ្នំមួយអាចឡើងទៅលេងក៏បានដែរ។
미은 프놈 모이 앝라웅 떠으렝 꺼 반 다에.

각자의 오토바이로 갑시다.
យើងត្រូវជិះម៉ូតូទៅដោយខ្លួនឯង។
여응 뜨러우 찌모또 떠으 다오이 클루운아엥.

안전하게 즐거운 여행을 하자고.
សូមជូនពរអ្នកឱ្យសុខសប្បាយតាមផ្លូវណា។
쏨 쭈운뽀 네아 아오이 쏙쌉바이 땀 프러우나.

물 흐르는 소리가 크게 난다.
ទឹកហូរពូសូរខ្លាំងណាស់។
떡 호우 르 쏘우클랑나.

당신 수영 할 줄 알아요?
លោកអ្នកចេះហែលទឹកទេ?
록네아 쩨 하엘떡 떼이?

운동 101

ក្រុមចាញ់	끄롬 짠	진 팀
បាយល្ងាច	바이 릉이엣	저녁식사
ក្រុមឈ្នះ	끄롬 츠네아	이긴 팀
យល់ព្រម	욜 뿌럼	인정하다
ខែឧ	케디	케디
លេខមួយឈើ	렉모이 처으	드라이버

난 아직 수영을 못해.
ខ្ញុំមិនចេះហែលទឹកទេ។
크념 먼 쩨 하엘떡 떼이.

수영은 참 허기지게 만든 단말이야.
ហែលទឹកធ្វើអោយខ្ញុំឃ្លានបាយណាស់។
하엘떡 트워 아오이 크념 클리언 바이나.

식사 끝나면 우리 등산합시다.
កាលណាញ៉ាំបាយរួចយើងទៅឡើងភ្នំ។
깔나 얌바이 루읏 여응 떠으 라응프놈.

난 테니스를 참 좋아해요.
ខ្ញុំចូលចិត្តណាស់តិន្និស។
크념 쪼울찟 나 뗀닛.

난 그냥 체력단련이나 하러 다녀요 아침에.
តាមធម្មតាខ្ញុំចេញទៅហាត់ប្រាណពេលព្រឹក។
땀 토아마따 크념 쩬떠으 핫쁘란 뻴쁘럭.

ប្រអប់ ធី	뿌러업 티	티 박스
កម្រិតចំនួនបួន	껌릳쩜누운 부언 파 4	
ម៉ូដ	모읃	모습
ខាងស្ដាំដៃ	캉쓰담다이	오른쪽
ឆ្ងាយ	칭아이	멀다
ពពកហោះកាត់មេឃ	뽀뽁허깥메이	구름을 가르며 날다

캄보이아 사람들은 킥복싱을 좋아하죠?
ជនជាតិខ្មែរចូលចិត្តមើលប្រដល់ក្បាច់គុណឬវាណា។
쭌찌읃 크마에 쪼울쩓 멀 뿌러달끄밧 꾼너보란.

오늘 올림픽운동장에서 축구경기 가있다
ថ្ងៃនេះមានប្រកួតបាល់ទាត់នៅស្តាតអូឡាំពិក។
틍아이니 미은뿌러꾿 발또앋 너으 쓰닽올람삑.

어젯밤 난 운동하기가 싫어 잠만 잣을 뿐이야.
យប់មិញខ្ញុំខ្ជិលកីឡាវេងច្នេះគេងប៉ុណ្ណោះ។
욥먼 크념크절 께일나 도웃쯔네 께잉 뻔너.

운동 103

참고 단어

ទឹកជ្រោះ	떡 쭈루어	폭포
ឡើងភ្នំ	라응 푸놈	등산
ជិះ	찌	타다. 승차
សូមជូនពរ	쏨쭈운뽀	원하다. 축하
ចេះ	쩨	알다
ហែលទឹក	하엘떡	수영
សុខសប្បាយតាមផ្លូវណៅ	쏙쌉바이땀프러우나	안전하게
ហូរពូស្វរ	호우르쏘우	물흐르는 소리듣다
ធ្វើអោយ	트워아오이	~하게 만든다
រួច	루웃	끝나다. 후
តិន្នីស	뗀닛	테니스
ហាត់ប្រាណ	핱 쁘란	운동. 체력단련
ប្រកួត	쁘러꾿	대결하다. 시합
ស្តាតអូឡាំពិក	쓰닽올람삑	올림픽운동장
យប់មិញ	욥먼	어젯밤
ខ្ជិល	크쩔	게으르다
ដូច្នេះ	도웃츠네	그래서
គេង	께잉	잠자다

운동 104

13. 계절 រដូវ

ធាតុអាកាស	티옅아까	날씨
រដ្ងៀង	플리응	비
ធ្លាក់	틀레아	떨어지다. 오다
ជ្រក	쯔럭	피난처. 은신처

비가 아주 강하게 오네.

ភ្លៀងធ្លាក់ខ្លាំងណាស់ ។

플리응 틀레아 클랑 나.

우선 저 나무 밑으로 가서 피합시다.

មកទៅជ្រកនៅក្រោមដើមឈើនោះសិន ។

목 떠으 쯔럭 너으끄라옴 다음처으 누 썬.

잠시 후 끝일 것 같군.

បន្តិចទៀត មុខតែវាំងហើយ ។

번떽띠읃 목 따에레앙 하으이.

캄보디아에는 장마철이 몇 개월이지요?

នៅស្រុកខ្មែររដូវភ្លៀងមានប៉ុន្មានខែ?

너으쓰록 크마에 러더우플리응 미은 뽄만카에?

장마철은 다섯 달입니다.

បាទ រដូវភ្លៀង មានប្រាំខែ ។

밭 러더우 플리응 미은 쁘람카에.

계절 105

ដើមឈើ	다음처으	나무
នៅក្រោម	너으끄라옴	밑에
បន្តិចទៀត	번떽띠읕	잠시 후
មុខតែ	목따에	아마도
រាំង	레앙	그치다. 마르다
រដូវវស្សា	러더우 플리응	장마철

6 월에 시작하여 10 월까지 입니다.

ចាប់ពី ខែមិថុនារហូតដល់ ខែតុលា ។

짭삐 카에 미토나 러호웉덜 카에 똘라.

장마철엔 매일 비가 오나요?

តើ នៅរដូវវស្សា មានភ្លៀងរាល់ថ្ងៃឬ?

따으 너으러더우플리응 미은플리응로알틍아이르?

그렇지만, 이른 오후에만 옵니다.

ប៉ុន្តែ មានភ្លៀងតែថ្ងៃរសៀលទេ ។

받 뻰따에 미은 플리응 따에 틍아이러시엘 떼이.

한국엔 4 계절이지요 맞나요?

នៅប្រទេសកូរ៉េ មានបួនរដូវ. មែនទេ ?

너으 쁘러떼 꼬레이 미은 부언러더우 멘떼이?

예그렇습니다. 6 월에서부터 7 월까지 입니다.

បាទហ្នឹងហើយតែមានភ្លៀងពីខែមិថុនាទៅខែកក្កដា ។

밭 낭하으이 따에 미은플리응 삐 카에 미토나
떠으 카에 깍까다.

계절 106

ចាប់ពី~ រហូតដល់	짭삐 ~러호읕덜	~에서 ~까지
ខែមិថុនា	카에 미토나	6월
ខែតុលា	카에 똘라	10월
រាល់ថ្ងៃ	로알틍아이	매일
ថ្ងៃរសៀល	틍아이 러시엘	이른오후
ពី~ ទៅ	삐 ~ 떠으	~에서 ~까지

장마철엔 매일 비가 옵니다.
នៅពេលនោះភ្លៀងធ្លាក់រាល់ថ្ងៃ ។
너으 뻴누 플리응 틸레아 로알틍아이.

캄보이아엔 3계절인 것 같은데 맞나요?
មានរដូវបីនៅស្រុកខ្មែរមែនទេ ?
미은 러더우 바이 너으 쓰록크마에?

예 맞습니다.
បាទ ហ្នឹងហើយ ។
밭 낭하으이.

겨울철은 11월부터 2월까지 이고요.
រដូវរងារគឺ ពីខែវិច្ឆិកាទៅខែកុម្ភៈ ។
러더우롱이어 끄 삐 카에위체까 떠으 카에꿈페아.

여름철은 3월서부터 5월까지 입니다.
រដូវក្ដៅគឺពីខែមិនាទៅខែឧសភា ។
러더우끄다으 삐 카에미나 떠으 카에욱써피어.

계절 107

ខែកក្កដា	카에 깍까다	7월
រដូវរងារ	러더우 롱이어	겨울철
ខែវិច្ឆិកា	카에 위체까	11월
ខែកុម្ភៈ	카에 꿈페아	2월
រដូវក្ដៅ	러더우 끄다으	여름철
ខែមិនា	카에 미나	3월

겨울철엔 많이 추운가요?

រដូវរងារត្រជាក់ខ្លាំងទេ ?

러더우 롱이어 뜨러찌아 클랑떼이?

그렇게 춥지는 않고 적당히 추워요.

មិនត្រជាក់ពេកទេគ្រាន់តែល្មមប៉ុណ្ណោះ ។

먼 뜨러찌아 뻭 떼이 끄로안따에 르몸 뻔너.

눈은 오지 않습니다.

គ្មាន ទឹកកកធ្លាក់ទេ ។

크미온 떡끼 틸레아 떼이.

어떤 밤엔 북풍이 불어 잠시 매우 추어요.

មានតែខ្យល់បក់មកពីខាងជើងដួចធ្ងន់ប៉ុខ្លួរងារ

បន្តិចដែរ ។

미은따에 크절 버 목삐 캉쯩 도웃츠네 욥클라 롱이어 번떡다에.

ខែឧសភា	카에 욱써피어	5월
គ្មាន	크이은	없다
ទឹកកក	떡꺼	눈. 얼음
ខ្យល់បក់មក	크절 버 목	바람이 불어오다
ខាងជើង	캉쯩	북쪽
យប់ខ្លះ	욥클라	어느 밤에

난 여름철을 아주 안 좋아해요.

ខ្ញុំ មិនចូលចិត្តរដូវក្តៅសោះ ។

크념 먼 쪼울찟 롱이어끄다으 써.

낮에는 오 가기가 힘들어요.

ថ្ងៃត្រង់ទៅណាមកណាពិបាកណាស់ ។

틍아이뜨렁 떠으나 목나 삐바 나.

익숙해지지 않으면 밤에 잠을 설쳐요.

ពេលយប់បើមិនធ្លាប់គេងមិនលក់ទេ ។

뻴옵 바으 먼 틀로압 께잉 먼 루어떼이.

당신은 어느 계절을 좋아해요?

លោកចូលចិត្តរដូវណាជាងគេ?

록 쪼울찟 러더우나 찌응께?

난 겨울철을 제일 좋아해요.

ខ្ញុំ ចូលចិត្តរដូវរងារជាងគេ ។

크념 쪼울찟 러더우 롱이어 찌응께.

ថ្ងៃត្រង់	틍아이 뜨렁	낮
ទៅណាមកណា	떠으나 목나	오며 가며
ពិបាក	삐바	힘들다
ពេលយប់	뻴욥	밤에
បើមិនធ្លាប់	바으먼 틀로압	익숙치 않다면
គេងមិនលក់	께잉먼 루어	잠을 설치다

장마철이 거의 끝나가는군요.

ពទ្បូវ រដូវភ្លៀងជិតឈប់ហើយ ។

아일러우 러더우 플리응 쯧 촙하으이.

그래서 장마철을 우기철이라고 부른다.

ដូច្នេះរដូវភ្លៀងហៅថារដូវវស្សា ។

도웃쯔네 러더우플리응 하으타 러더우 워싸.

그리고 여름철을 건기철이라 부른다.

ហើយនិងរដូវក្ដៅហៅថារដូវប្រាំង ។

하으이능 러더우 끄다으 하으타 러더우 쁘랑.

내일은 날씨가 어떨까?

ថ្ងៃស្អែកធាតុអាកាសយ៉ាងម៉េចដែរ?

틍아이쌔엑 티읏아까 양멧다에?

계절 110

참고 단어

ជិតឈប់	쯭춥	거으 끝나다
រដូវវស្សា	러더우 워싸	우기철
រដូវប្រាំង	러더우 뿌랑	건기철
ខែមករា	카에 마까라	1월
ខែកុម្ភៈ	카에 꿈페아	2월
ខែមេសា	카에 메이싸	4월
ខែសីហា	카에 쎄이하	8월
ខែកញ្ញា	카에 깐냐	9월
ខែធ្នូ	카에 트누우	12월
ថ្ងៃអាទិត្យ	틍아이 아뜯	일요일
ថ្ងៃចន្ទ	틍아이 짠	월요일
ថ្ងៃអង្គារ	틍아이 엉끼어	화요일
ថ្ងៃពុធ	틍아이 뿟	수요일
ថ្ងៃព្រហស្បតិ៍	틍아이뿌러호와	목요일
ថ្ងៃសុក្រ	틍아이 쏙	금요일
ថ្ងៃសៅរ៍	틍아이 싸으	토요일

14. 방문 ទៅសួរសុខទុក្ខ

ទៅសួរសុខទុក្ខ	떠으쑤어쏙똑	방문
នាក់	네아	몇 분
មនុស្សចំឡែក	머누 쩜라익	손님
អុំ	엄	삼촌. 숙부

여보 손님이 몇 분이나 와요?

អូនមានភ្ញៀវមកប្រហែលប៉ុន្មាននាក់?

오운 미은 핑이유 목쁘러하엘 뽄만네아?

예, 세 사람이에요.

ចាះមានតែបីនាក់ទេ ។

짜 미은따에 바이네아 떼이.

삼촌이 손님과 같이 오고 있어요.

មានមនុស្សចំឡែក មកជាមួយអុំផង ។

미은 머누쩜라익 목 쯔으모이 엄 펑.

숙부님 안녕하셨어요?

ជំរាបសួរលោកអុំសុខសប្បាយជាទេ?

쭘리업수어 록 엄 쏙쌉바이찌어 떼이?

고맙다 조카야.

អរគុណ ក្មួយ ។

어꾼 크모이.

방문 112

ក្លួយ	크모이	조카
យូរណាស់មកហើយ	유나목하으이	오랜만 이에요
បង	봉	오빠. 언니. 당신
មិនដែល	먼다엘	~하지 않다
មកលេង	목렝	오다
មានការ	미은 까	일. 직업

오빠 안 오신지가 꽤 오래되셨네요?
យូរណាស់មកហើយបងមិនដែលមកលេងសោះ ។
유나 목 하으이 봉 먼다엘 목렝 써.

일이 바빠서 올 수가 없었어.
មានការច្រើនណាស់មកលេងញ៉ឹកញាប់មិនបានទេ ។
미은까 찌란나 목 렝 역뇨압 먼반떼이.

자이리로올라오세요.
សូមអញ្ជើញឡើងលេង ផ្ទះសិន ។
쏨언쯔은라응렝푸떼아썬.

이군 이분이 내 장모님 이쪽은 내 누이네.
លោកលី នេះម្តាយក្មេកខ្ញុំនេះអូនស្រីខ្ញុំ ។
록리 니 멑다이크메익크념 니 오운쓰라이크념.

내 친구 미스터리를 소개할게요.
ខ្ញុំណែនាំឱ្យលោកលីពូកម៉ាកខ្ញុំ ។
크념 나에노암 아오이 록리 뿌마크념.

ញឹកញាប់	넉뇨압	바쁘다
មិនបានទេ	먼빤떼이	불가능 하다
ឡើងលេង	라응 렝	오르다
ផ្ទះ	푸떼아	가옥. 집
ម្តាយក្មេក	멑다이 크메익	장모. 시어머니
អូនស្រី	오운쓰라이	여동생

이군 이 의자에 앉으시게나.
លោកលីអង្គុយលើកៅអីទៅ ។
록리 엉고이 르 까으아이 떠으.

담배 피우시게.
សូម ពិសាបារី ។
쏨 삐싸 바라이.

예감사합니다. 담배를 좋아하지 않습니다.
អរគុណបានតែអស់ចូលចិត្តបារីទេ ។
어꾼 밥 따에 얼 쪼울쩟 바라이 떼이.

술 한잔 드시겠습니까?
លោកចង់ញាំស្រាទេ?
록 쩡얌 쓰라 떼이?

이 술은 쌀로 빚은 것 같은데요?
ស្រានេះធ្វើអំពីស្រូវមែន ឬ ?
쓰라 니 트워 엄삐 쓰러우 멘르?

방문 114

ពួកម៉ាក់	뿌마	친구
អង្គុយលើ	엉꼬이 르	위에 앉다
កៅអី	까오 아이	의자
ស្រា	쓰라	술
ធ្វើអំពីស្រូវ	트워 엄삐쓰러우	쌀로 빚은
ភ្លក់	플루어	맛보다

이 술 좋은 것 같은데 제가 맛을 보겠습니다.
ស្រានេះមានគុណភាពល្អខ្ញុំចង់ភ្លក់សិន ។
쓰라 니 미은 꾼너피읍 러어 크념 쩡 플루어 썬.

이 술 맛이 기가 막히군, 한잔 더 마시겠습니다.
ស្រានេះឆ្ងាញ់ណាស់ចង់ញាំុថែមទៀត ។
쓰라 니 칭안나 쩡얌 타엠띠읕.

이거 한국에서 가지고 온 술인데요.
ស្រាសុជ្ឈនាំអីសិលមកពីកូរ៉េ ។
쓰라 니 목뻬 꼬레이.

전 술을 많이는 못 마십니다.
ខ្ញុំផឹកស្រាច្រើនមិនបានទេ ។
크념 팍 쓰라 찌란 먼 빤떼이.

왜냐하면 전 빨리 취해요.
ព្រោះខ្ញុំឆាប់ស្រវឹងណាស់ ។
뿌루어 크념 찹 쓰러윙 나.

방문 115

ភ្លក់	플루어	맞보다
ថែមទៀត	타엠띠울	한번 더
សុជូនាំអុីសិល	소주참이슬	참이슬
ស្រវឹង	쓰러윙	취하다
សុភាសិត	쏘피어썰	속담
ថែង	짜엥	말하다

캄보이아 속담에 전하여오길
សុភាសិតនៅស្រុកខ្មែរមួយបានថែងថា
쏘피어썰 너으 쓰록크마에 모이 반 짜엥타

술에 취하면 단 하루를 취하지만
ស្រវឹងស្រាស្រវឹងតែមួយថ្ងៃ
쓰러윙 쓰라 쓰러윙 모이틍아이

여자에취하면일생을취한다.
ស្រវឹងស្រីស្រវឹងអស់មួយជីវិត ។
쓰러윙 쓰라이 어 모이 찌윁.

오늘밤 폐를 너무 많이 끼쳤습니다.
យប់នេះខ្ញុំរំខាន អ្នកច្រើនណាស់
욥니 크념 룸칸네아 찌라나.

왜 벌써 가시려 구요? 좀더 계시지요?
តើប្រញាប់ទៅណា? នៅបន្តិចទៀតបានទេ?
따으 쁘러냡 떠으나? 너의 번떽띠읃 빤떼이?

방문 116

មួយបានចែងថា	모이반 짜엥타	전 하여오다
ជីវិត	찌윗	일생
យប់ជ្រៅ	욥 찌러우	밤이 깊다
ថ្ងៃក្រោយ	틍아이끄라우이	훗날
ម្ដងទៀត	머동띠읕	다시한번
លា	리어	떠나다

감사합니다. 밤도 늦었고 해서

អរគុណច្រើន យប់ជ្រៅណាស់ហើយ ។

어꾼찌란 욥 찌러우나 하으이.

다음에한번더들리겠습니다.

ថ្ងៃក្រោយមកមម្ដងទៀត ។

틍아이 끄라우이 목 머동띠읕.

조심해서가세요.

ទៅឱ្យសុខសប្បាយតាមផ្លូវណា ។

아오이 쏙쌉바이 땀 플러우나.

안녕히 계세요. 이 집안에 항상 즐거움이.

ខ្ញុំលាសិនហើយណានៅអោយសុខសប្បាយ

នៅផ្ទះនេះ ។   크념 리어썬 하으이나

너으 아오이 쏙쌉바이 너으 푸떼아 니.

방문 117

15. 잡다한 문구

A. 도움을 주고 받을 때

សុំពឹង 쏨뿡 돕다
ថតរូប 털룹 사진

미안하지만 좀 도와주실 수 있나요?
សូមទោស ខ្ញុំសុំពឹងបន្តិចបានទេ?
쏨또 크념 쏨뿡 번떽 빤떼이?

무엇을 도와드릴까요?
ចង់អោយខ្ញុំធ្វើអ្វី?
쩡 아오이 크념 트워 어와이?

사진 한 장만 부탁합시다.
សូមជួយថតរូបអោយមួយប៉ុស្ដិមក។
쏨 쭈어이 털룹아 오이 모이뻐 목.

잠시 연필 좀 빌릴 수 있을까요?
សូមអោយខ្ញុំខ្ចីដៃ មួភ្លេតបានទេ?
쏨 아오이 크념 크짜이 크마우다이 머프렏 빤떼이?

볼펜뿐인데 필요하십니까?
មានតែបិចទេ តើត្រូវការអត់?
미은따에 벳 떼이 따으 뜨러우까 얻?

ប៉ុស្ដិ៍សន្និក	뻐. 썬락	매. 장
ខ្ចី	크짜이	빌리다
ខ្មៅដៃ	크마우 다이	연필
មភ្លេត	머플렡	잠시
បិច	벳	볼펜
អត់ទេ	얼떼이	아니에요

아니고마워요연필이필요해요.
អត់ទេអរគុណខ្ញុំចង់បានខ្មៅដៃ ។
얼떼이 어꾼 크녬 쩡반 크마우다이.

오늘 시장에 가십니까?
ថ្ងៃនេះទៅផ្សារទេ?
틍아이니 떠으 프사 떼이?

부탁 하나만 할 수 있어요?
សូម ស្នើមួយបានទេ?
쏨 스너으 모이 빤떼이?

예 무엇을 사다 드릴까요?
បាទចង់ផ្ដើទិញអ្វី?
밭 쩡 핑야으 뗀 어와이?

바나나 한 송이만 사다 주세요.
ទិញចេកអោយមួយស្និត.
뗀 쩨익 아오이 모이스닡.

도움 119

ណេះលុយ	누 로이	여기 돈
វិមានឯករាជ្យ	위미은아익끼리웃	독립기념탑
មាត់ទន្លេ	모앝뚜레	강변
បើសិនជា	바으썬 찌어	~한다면
ស៊ីក្លូ	씨끄로우	인력자전거
ម៉ូតូឌុប	모토돕	모토택시

여기돈있어요. 감사 합니다.
ណេះលុយ អរគុណណាំ។
누 로이 어꾼나.

독립기념탑이 어디 있어요?
វិមានឯករាជ្យមាននៅឯណា?
위미은아익끼리웃 미은 너으아에 나?

예 강변 근처에 있어요.
បាទ មានជិតមាត់ទន្លេ។
밭 미은 쯧 모앝뚜레.

여기서 몇 킬로나 됩니까?
ចម្ងាយប៉ុន្មានគីឡូម៉ែត្រ ពីទីនេះ?
쯤응아이 뽄만킬로마엩 삐 디니?

그곳엘 간다면 무엇을 타고 가나요?
បើសិនជាទៅទីនោះ តើខ្ញុំត្រូវជិះអ្វី?
바으썬찌어 떠으 띠 누 따으 크넘 찌어와이?

B. 연인들의 얘기

ដើរលេង	다으렝	산책하다
ខ្យល់	크절	바람
កំពុងបក់	깜봉 버	바람불다
រំភើយៗ	룸퍼이 룸퍼이	들산들

당신 지금 어디 있어요?

សព្វថ្ងៃនេះ បងនៅឯណា?
아윌러우니 봉 너으 아에나?

당신지금어디가고싶어요?

សព្វថ្ងៃនេះ អូនចង់ទៅឯណា?
아윌러우니 오운 쩡 떠으 아에나?

강변을 산책하고 싶어요.

ខ្ញុំចង់ដើរលេងមាត់ទន្លេ។
크념 쩡 다으렝 모앝뚠레.

좋아요 무엇을 타고 갈까?

ហើយហើយ តើចង់ជិះអ្វីទៅ?
낭하으이 따으 쩡 찌 어와이떠으?

오늘 산들바람이 불고 있어요.

ថ្ងៃហ្នឹងខ្យល់អាកាសដែលកំពុងបក់រំភើយៗ។
틍아이능 크절 아까 다엘 깜뽕 버 룸퍼이~.

연인 121

ដើម្បី	다음바이	위하여
ស្រួយកខ្យល់	쓰룹역크절	바람을 맞다
អបអរសាទ	업어쌀또	축하하다
ថ្ងៃបុណ្យខួបកំណើត	틍아이뽄꾸업꼼나읃	생일
ការថើប	까타읍	키쓰
ល្អ	러어	좋다

그러니까 바람을 맞으며 인력거로 갑시다.

ដូច្នេះយើងទៅជិះស៊ីក្លូដើម្បីស្រួយកខ្យល់ ។

도웃쯔네 여응 떠으 찌 씨끄로우 다음바이 쓰룹 역 크절.

당신 생일을 축하해요.

អបអរសាទថ្ងៃបុណ្យខួបកំណើតអូនសំណាញ់ ។

업어쌀또 틍아이 뽄꾸업껌나읃 오으썸난.

선물 하나하고 싶은데 뭐가 좋을까?

ខ្ញុំចង់អោយអំណោយមួយដល់អ្នកតើអ្វីទៅល្អ?

크념 쩡 아오이 엄나오이 모이달 네아 따으 어와이 떠으 러어?

무엇보다 더 달콤한 뽀뽀가 좋겠군.

ការថើបរបស់ខ្ញុំប្រសើរជាងអ្វីទាំងអស់ ។

까타읍 로벅크념 쁘러싸으 찌응 어와이 떼앙어.

ប្រសើរ	뿌러싸으	멋진
ស្រឡាញ់	쓰러란	사랑
ពិតជា	삩찌어	진짜. 참으로
មនុស្សស្រី	머누쓰라이	여성
ស្នេហ៍	쓰나에	사랑
មុខមានមន្តស្នេហ៍	목미은 몬쓰나에	매력적인

난 당신을 사랑합니다.

ខ្ញុំស្រឡាញ់អ្នក។

크념 쓰러란 네아.

오늘밤 당신의 의상이 잘 어울리네.

ការស្លៀកពាក់របស់អ្នកនៅយប់នេះពិតជាសមណាស់។

까 쓸리윽뻬아 로버네아 너으읍니 삩찌어 썸나.

당신은 참 매력적인 여성 입니다.

អ្នកជាមនុស្សស្រីមុខមានមន្តស្នេហ៍មែន។

네아 찌어 머누쓰라이 목 미은 몬쓰나에 멘.

이 배 몇시에 떠나나요?

កប៉ាល់នេះចេញម៉ោងប៉ុន្មាន?

꺼빨니 쩬 마웅 뽄만?

예 저녁 7시에 떠납니다.

បាទចេញ ម៉ោងប្រាំពីរល្ងាច។

밭 쩬 마웅 뿌람삐 릉이엣.

연인 123

កប៉ាល់	까빨	배
ចេញ	쩬	떠나다
សំបុត្រកប៉ាល់	썹볻까빨	배표
ផែ	파에	부두. 항구
ក៏បាន~ក៏បាន	꺼반~꺼반	이것도 저것도 가능
នៅលើ	너으 르	위에

배표는 어디서 사나요?
ទិញសំបុត្រកប៉ាល់ នៅឯណា?
뗀 썸볻 까빨 너으아에 나?

부두에서나 배위에서도 살 수 있어요.
ទិញនៅលើផែក៏បាន នៅលើកប៉ាល់ក៏បាន។
뗀 너으르 파에 꺼반 너으르 까빨 꺼반다에.

저 배 떠난다. 빨리 타자.
កប៉ាល់ចេញហើយយកមកប្រញាប់ឡើងមកទៅ។
까빨 쩬 하으이 목뿌러납 라응목 떠으.

밑은 꽤 덥다. 갑판으로 올라가자.
នៅខាងក្រោមនេះក្តៅណាស់មកទៅជាន់ខាងលើវិញ។
너으 캉끄라움 니 끄다우나 목떠으 쪼안 캉르웬.

그러지 역시 위가 시원하고 신선하구먼.
ហ្នឹងហើយនៅខាងលើត្រជាក់ហើយឆ្អើយផង។
낭하으이 너으캉르 뜨러찌아 하으이 러하으이.

연인 124

នៅខាងក្រោម	너으캉 끄라옴	밑쪽
ជាន់	쪼안	층. 갑판
ខាងលើ	캉르	위쪽
វិញ	웬	돌아가다
ស្រស់	러하으이	신선하다
ជង	펑	시

난 배위에서 강변을 따라 오가며 만나는
것들을 보는 것이 좋더라.

ខ្ញុំចូលចិត្តមើលទូកកបាល់ដែលយើងជួបប្រទះនៅតាមទន្លេ។

크념 쪼울쩟 멀 뚝꺼빨 다엘 여응 쭈웁
뿌러떼아 너으 땀 뚠레.

오 저 하늘 위 별 좀 봐 장관이네.

អូផ្កាយនៅលើមេឃនោះគួរអោយចង់មើលណាស់។

오 푸까이 너으멀 메이누 꾸아오이 쩡 멀나.

밤하늘에 별들이 값진 보석처럼 반짝반짝 빛나는군.

នៅពេលយប់ផ្កាយទាំងនោះមានពន្លឺព្រិចៗដូច

វត្ថុមានតំលៃអញ្ចឹង។

너으뻴 욥 프까이 떼앙누 미은 뽄르 뿌렛뿌렛
도읏 왈토 미은 땀라이 언쩡.

ទូកកប៉ាល់	뚝꺼빨	보트. 배
ប្រទេរ	쁘러떼아	만나다
ផ្កាយ	프까이	별
មេឃ	메이	하늘
ទាំងនោះ	프까이떼앙누	저 모든것
ពន្លឺព្រិចៗ	뽄르 쁘렛뿌렛	빛나다

안개에 쌓인 천지는 물속에 잠긴 듯 고요하다.,
ឋានសួគ៌ិអែបជិតអព្ទុំយ៉ាងស្ងប់ស្ងាត់ប្រៀប

ដូចជាលង់នៅក្នុងទឹក ។
탄쑤우 아엡쭙 압양 승옵승앝 쁘리옵 도웃
찌어 룽 너으 크농떡.

참고 단어

វត្ថុមានតំលៃ	왈토미은떰라이	값진 보석
ឋានសួគ៌	탄쑤우	천국. 천지
អែបជិត	아엡쯭	(안개)끼다
អ័ព្ទយ៉ាង	압양	안개
ស្ងប់ស្ងាត់	승웁승앝	조용하다
ប្រៀប	쁘리읍	비교하다
លង់ទឹក	룽떡	물에 빠지다
ពន្លឺផ្កាយ	뽄르프까이	별빛
ពន្លឺព្រះចន្ទ	뽄르뿌레아짠	달빛
អស្តង្គត	어쓰덩꼳	(해,달)지다
ទិស	뜨	방형
ថ្ងៃរះ	퉁아이 레아	해뜨다
ខាងកើត	캉까읕	동쪽
ជ្រលក់	찌럴루어	물에 잠기다
ធម្មជាតិ	토머지욷	산천초목

연인 127

C. 긴급상황 발생시

ប៉ូលិ.នគបាល	뽈리. 넉꼬발	경찰
ធ្វើយ៉ាងណា	트워양나	어떻게 해야 할지
មិនដឹងជា	먼당찌어	모르겠다
ស្ថានីយ៍	쓰타니	본부. 장소

경찰을 불러주세요.

សូមហៅប៉ូលិសមកឱ្យខ្ញុំ។
쏨 하으 뽈리 쏨목 아오이 크념.

여권을 잃어 버렸다.

ខ្ញុំភ្លេចលិខិតឆ្លងដែន*របស់ខ្ញុំ*។
크념 플렛 리칻 츨렁다인 로버크념.

누군가 내 지갑을 훔쳐가다.

មានមនុស្សយកការប៉ូវរបស់ខ្ញុំទៅ។
미은 머누 역 까보웁 로버크념 떠으.

어떻게 해야 할 지를 모르겠다.

ខ្ញុំមិនដឹងជាធ្វើយ៉ាងណា?
크념 먼당찌어 트워양나?

저 좀 경찰서로 대려다 주세요.

សូមនាំឱ្យខ្ញុំយកទៅ ស្ថានីយ៍នគបាល។
쏨 노암 아오이 크념 역 떠으 쓰타니 넉꼬발.

긴급 128

ភ្លេច	플렛	잊다
នាំ	노암	인도하다
ស្ថានីយ៍នគរបាល	쓰타니넉꼬발	경찰서
អាសយដ្ឋាន	아싸이탄	주소
ឡានពេទ្យ	란뻴	엠브란스
ស្ថានទូត	쓰탄뚝	대사관

호텔 주소를 찾을 수 가없다.
ខ្ញុំមិនអាចរកអាសយដ្ឋាននៅសណ្ឋាគារខ្ញុំ។
크념 먼앝 록 아싸이탄 너으 쏜타끼어 크념.

구급차를 불러주세요.
សូមហៅឡានពេទ្យអោយខ្ញុំផង។
쏨 하으란 뻴 아오이 크념 펑.

병원으로 데려다 주세요.
សូមជួន ខ្ញុំទៅមន្ទីរពេទ្យផង។
쏨 쭈운 크념 떠으 문디뻴 펑.

한국대사관이 어디에 있습니까?
មានស្ថានទូតកូរ៉េនៅឯណា។
미은 쓰탄뚝 꼬레이 너으아에 나?

D. 유용한 문구 모음

ជនបរទេស	쭌보르떼	외국인
មួយៗ	모이모이	천천히
ពន្យល់	뽄욜	설명
ច្បាស់	쯔바	정확히

전 외국인입니다, 말씀을 천천히 해주세요.

ខ្ញុំជាជនបរទេសសូមនិយាយមួយៗ។

크념 찌어 쭌보르떼 쏨 니지에이 모이모이.

한번 더 정확히 말씀해주세요.

សូមពន្យល់អោយច្បាស់ម្ដងទៀត ។

쏨 뽄욜 아오이 쯔바 머덩띠욷.

공항까지 마중해 줄 수 있어요?

សូមជួនខ្ញុំឡើងយន្តហោះបានទេ?

쏨 쭌크념 라응윤허 빤떼이?

당신을 주목하고 있습니다.

តាមដានមើលលោក ។

땀단 멀 록.

왜 약속을 지키지 않나요?

ហេតុអីមិនគោរពពាក្យសន្យា?

하잇아이 먼 꼬롭 삐어썬니자?

유용문 130

តាមដាន	땀단	추적하다
មិនគោរព	먼꼬롭	존중치 않는다
ពាក្យសន្យា	삐어썬니자	약속
កាន់	깐	집착하다
ពាក្យសច្ចា	삐어쌋짜	약속
លះបង់.ចោល	레아벙. 짜올	버리다

왜 약속을 지키지 않나요?

ហេតុអ្វីមិនកាន់ពាក្យសច្ចា?

하잇어와이 먼 깐삐어쌋쟈?

당신의 고집을 버리시지요.

លះបង់ចោលនូវភាពរឹងរូសរបស់លោក។

레아벙 짜올 누우 피읍롱루 로버 록.

당신의 부정적인 생각을 버리세요.

បោះបង់ចោលគំនិតបដិសេធរបស់លោក។

바오벙 짜올 꿈넛 바디싸읻 로버 록.

아첨 떨지 말라.

កុំសំដីពីរោះ។

꼼 쏨다이 뻬루어.

참말이많다.

ម៉ាត់ច្រើន(និយាយច្រើន)ណាស់។

모앋 찌란(니지에이 찌란)나.

유용문 131

ឞូវ	누우	~함께
ភាព	피읍	상황. 상태
រឹង	롱	단단한
រូស	루	자르다
រឹងរូស	롱루	완고한
បោះបង់	바오벙	버리다

아이고 짜증난다.
យ៉ាប់មែនទែន។
얍 멘뗀.

미치겠네, 미친 거 아냐?
ឆ្កួតអញ្ចឹង?
츠꾸을 언쯩?

정말 잘났어. 표준 이하야.
ជ្រេញណាស់។
찌렌 나.

삼가 조의를 표 합니다.
ខ្ញុំសូមជួយរំលែកទុក្ខ ផង។
크념 쏨 쭈어이 룸렉똑 펑.

헛소리 하지 마라.
កុំនិយាយតាបែ៉។
꼼 니지에이 따빠에.

유용문 132

គំនិត	꿈넛	생각
បដិសេធ	바디싸읻	부정적인
សំដី	쏨다이	말하다
ពីរោះ	삐루어	달콤한. 아첨
យ៉ាប់	얍	힘든
ឆ្កួត	츠꾸얻	바보. 미친

심심하여 죽을 지경이다.
ធ្វើអោយធុញ*ទ្រាន់*។ / អផ្សុកណាំ
트워 아오이 토운뜨로안/ 엎속나.

지시대로 하시요.
ធ្វើតាមដោយលំដាប់។
트워 땀 다오이 롬 답.

왜 그렇습니까?
ហេតុអី អញ្ចឹង?
하잇아이 언쯩?

공갈 치지마 라.
កុំនិយាយតំរាម(តំហែង)។
꼼 니지에이 꿈리엄(꿈하엥).

맞고 싶으냐?
ចង់ត្រូវហ្នា?
쩡 뜨러우 아?

유용문 133

ធ្រេញ	찌렌	싫증이 나는
រំលែក	룸렉	조의
ទុក្ខ	똑	애도
តាប៉ែ	따빠에	시끄럽게
ធុញទ្រាន់	토운뜨로안	지루하다
អផ្សុកណាំ	업속나	심심하다

자질구레한 일을 남기지 말아.
ពេលដែលធ្វើកុំសល់កំបិកកំប៉ុក ។
뻴다엘 트워 꼼 썰 껌뻭껌뽁.

그는 건방진 사람이다.
គាត់ជាមនុស្សប្រុសឈ្លើយម្ល៉េះ ។
꼬앋 찌어 머누뿌러 츨러이 멀레.

터무니 없는 얘기는 하지 마라.
កុំ និយាយមិនសមហេតុផល ។
꼼 니지에이 먼썸 하엩펄.

제발 반성 좀 하시요.
សូមពិនិត្យឡើងវិញ ។
쏨 삐넽 라응웬.

그는 사려 깊은 사람이다.
គាត់ជាមនុស្សប្រុងប្រយ័ត្ន ។
꼬앋 찌어 머누 뿌롱뿌러얃.

유용문 134

ដោយលំដាប់	다오이롬답	명령. 지시
សល់	썰	남기다
កំប៉ិកកំប៉ុក	껌삑껌뽁	작고거친
ប្រុស	뿌러	남자
ឆ្ងើយម្ងេះ	출러이 멀레	매료된
មិនសមហេតុផល	먼썸하엩펄	불합리한

타인을 배려 할 줄 모른다.
មិនខ្វល់ពីអ្នកដ³⁄₄ទេ ។
먼 크왈 삐 네아 더떼이.

쓸데없는 얘기 집어치워라.
កុំ(និយាយ)សាំញ៉ាំពេក ។
꼼(니지에이) 쌈얌뻭.

자신감이 있으십니까?
មានជំនឿចិត្តទេ?
미은 쭘느어 쩓 떼이.

참인지 아닌지 그걸 모르겠다.
ខ្ញុំមិនដឹងថាតើមានពិតប្អូនអត់ ។
크념 먼당타 따으 미은 뻩르 얻.

우리들은 이런 사람을 원 한다.
យើងត្រូវការមនុស្សបែបហ្នឹង ។
여응 뜨러우까 머누 바엡 능.

유용문 135

ពិនិត្យ	삐넷	관찰하다
ឡើងវិញ	라응웬	다시
ប្រុងប្រយ័ត្ន	뿌롱뿌러얕	조심하다
ខូល	크왈	점유. 난잡하다
ដ¾ៃទេ	더떼이	다른사람
ស្នាំ	쌈	반복적인

자기의 역할을 다하는 사람.

មនុស្សចេះគោរពតួនាទីរបស់ខ្លួន។

머누 쩨 꼬롭 뚜은니어띠 로버클루운.

맡은바 책무를 마칠 줄 아는 사람.

មនុស្សដែលទទួលខុសត្រូវចំពោះការងារ។

머누 다엘 떠뚜얼커 뜨러우 쭘뿌어 깡이어.

공과 사를 가릴 줄 아는 사람.

មនុស្សដែលអាចចែកឱ្យដាច់ពីការងារសាធារណៈ
នឹង ការងារឯកជន។

머누 다엘 앋 짜익 아오이 다 뻬 깡이어
싸티어르나 능 깡이어 아익쭌.

난 붙임성 있는 사람을 좋아한다.

ខ្ញុំចូលចិត្ត មនុស្សរាក់ទាក់។

크념 쪼울찟 머누 레아떼아.

유용문 136

ជំនឿចិត្ត	쭘느어 쩯	신념. 자신감
បែប	바엡	타입. 모델
ចេះគោរព	쩨꼬롭	준수하다
កូនាទី	꾸운니어띠	의무
ទទួល	떠뚜얼	받다
ទទួលខុសត្រូវ	떠뚜얼 커뜨러우	책임감

당신은 이런 경우 어떻게 대처 하나요?
តើអ្នកនឹង ធ្វើអី្វនៅក្នុងហេតុការណ៍នេះ?
따으 네아 능 트워아이 너으크농 하잇까니?

그는 개성이 없는 사람이다.
គាត់ជាមនុស្សឥតសណ្ដាប់ធ្នាប់ ។
꼬앝찌어 머누앝 썬답 트노압.

일을 자발적으로 하길 바랍니다.
ខ្ញុំចង់អោយលោកធ្វើទៅដោយឯងកងង ។
크념 쩡 아오이 록 트워 떠으 다오이 아익아엥.

그 일이 좋던 나쁘던 해야 합니다.
ទោះអ្នកចូលចិត្តវាឬ *អត់*អ្នកត្រូវតែធ្វើវា ។ 뚜어네아
쪼울찟 위어르 얼 네아 뜨러우따에 트워위어.

왜 나만 보면 피하는가?
ហេតុអ្វីអ្នករត់(គេច) ។
하잇 어와이 네아 (쩻)

유용문 137

ចំពោះ	쫌뿌어	~ 의. 에게
ការងារ	깡이어	책무. 의무
ចែក	짜익	나누다
ដាច់ពី	닷삐	~으로부터 분리된
សាធារណៈ	싸티어르나	공공의 (公)
ឯកជន	아익 쭌	개인의(私)

그가 한 행위는 미친 짓과 같다.

សកម្មភាពវាស្រដៀងគ្នាគាត់ឆ្កួត ។
싸껌머피읍 위어 쓰러디어크니어 꼬앗 츠꾸읕.

자본을 보호치 못하면 사업은 망한다.
មិនអាចរក្សាដើមទុនធ្វើឱ្យខូចខាតជំនួញ ។
먼 앝 레아싸 다음똔 트워아오이 코웃칻 쭘누운.

왜 동료 의식이 없으십니까?
ហេតុអ្វីគ្មានស្មារតីភ្ជាប់លើកដួយគ្នាទៅវិញទៅមក?
하읻아이 크미은 쓰마르따이 핑야 로륵
쭈어이 크니어 떠으웬 떠으목?

나쁜 소식은 빨리 잊어버려라.
ដំណឹងអាក្រក់បានវាលដាលយ៉ាងឆាប់រហ័ស ។
덤넝 아끄러 반 리얼달 양찹로하.

잊어버려라.
ណ្ហើយ ចុះ ។
너 하으이 쪼.

유용문 138

រាក់ទាក់	레아떼아	친근한
ហេតុការណ៍នេះ	하잇까 니	상황
ពុំគ	알	없다. 아니다
សណ្ដាប់	썬답	관습. 전통
ធ្នាប់	트노압	구성단위
សណ្ដាប់ធ្នាប់	썬답트노압	개성

무소식이 희소식이다.
គ្មានដំណឹងអ្វីធ្វើអោយមានភាពស្ងប់ស្ងៀម ។
크미은 덤넝 어와이 트워아오이 미은피읍 승옵승이음.

자존심을 상하게 해서 미안합니다.
ខ្ញុំ សូមទោសធ្វើឱ្យឈឺចាប់នៅមោទនភាព
របស់លោក ។크 넘쏨또 트워아오이 모또나피읍 로버 록.

소귀에 경읽기
ដូចចាក់ទឹកលើក្បាលទា ។
도웃 짜떡르 끄발띠어.

닭살 돋는다. 소름 끼친다.
ព្រឺសំបុរតិអ្នក់ ។
뿌르 쏨볼 낑꾸어.

유용문 139

ទៅដោយឯកឯង	떠으아오이아익아엥	자발적으로
ទោះ	뚜어	~이라도
ចូលចិត្តប្អូអត់	쪼울찟 르 얻	좋던 나쁘던
ត្រូវតែ	뜨러우 따에	해야한다
រត់(គេច)	롣(껫)	피하다
សកម្មភាព	싸껌머피읍	행위

하룻밤 풋사랑
ភ្លឺឡើងបាត់ស្នេហ៍។
플르 라응 밭 쓰나에.

눈에 콩깍지가 끼었다.
ឃ្លានឆ្ងាញ់ស្រលាញ់ល្អ។
클리언 칭안 쓰로란 러어.

과부도 여자이고 찬밥도 밥이다.
មេម៉ាយក៏ស្រី កកក៏បាយ។
메마이 꺼 쓰라이 꺽 꺼 바이

늙은이는 여자를 가리지 않는다.
ចាស់ព្រឺលមិនមើលប្រាណ។
짜 쁘럴 먼멀 쁘란.

유용문 140

참고 단어

ស្រដៀងគ្នា	쓰러디엉크니어	유사한
ឆ្កួត	츠꾸읃	바보. 미친
រក្សា	레아싸	보호하다
ដើមទុន	담음똔	자본
ធ្វើឱ្យ	트워 아오이	~하게 하다
ខូចខាត	꼬웃칻	잃다
ជំនួញ	쭘누운	사업
គ្មាន	크미은	없다
ស្មារតី	쓰마르 따이	의식. 생각
ភ្ញាក់	핑야	깨우다
រលឹក	로룩	생각
ដំណឹង	덤넝	소식. 뉴스
អាក្រក់	아끄러	나쁘다
បានរាលដាល	리얼달	흩뿌리다
យ៉ាងឆាប់រហ័ស	양찹로하	빨리
ឆ្នើយ	너하으이	충만
ឈឺចាប់	츠으짭	아프게하다
មោទនភព	모또나피읍	자존심

ចាក់	짜	넣다
ទឹកលើក្បាល	떡르 끄발	머리 위의 물
ទា	띠어	오리
ព្រឺ	뿌르	소름
សំបុរ	쏨볼	피부
គីង្កក់	낑꾸어	두꺼비
ភ្លឺឡើង	플르라응	밝아오다
បាត់	밭	사라지다
ស្នេហ៏	쓰나에	사랑
មេម៉ាយ	메마이	과부
ក៏ស្រី	꺼 쓰라이	역시 여자
កក	꺽	결빙한. 찬
ក៏បាយ	꺼 바이	역시 밥
ចាស់	짜	늙다
ព្រីល	뿌럴	우둔한. 나쁜
ប្រាណ	뿌란	육체. 활기

그룹별 단어 모음집

1. 식품   145

2. 과일   149

3. 맛   150

4. 식기 류   151

5. 의류   152

6. 색   154

7. 요일   155

8. 월   156

9. 동물   157

10. 숫자   159

11. 방향   161

12. 인체   162

13. 캄보디아 도시이름   166

식품 머허웁. 아하 ម្ហូប អាហារ

쌀	엉꺼	អង្ករ
찹쌀	엉꺼 덤나웁	អង្ករដំណើប
콩	썬다익	សណ្ដែក
물	떡꺼	ទឹក
밥	바이	បាយ
국수	꾸이띠우, 미	គុយទាវ / មី
반찬	끄르응머호웁	គ្រឿងម្ហូប
두부	따으호으	តៅហ៊ូ
계란	뽕 모안	ពងមាន់
오리알	뽕 띠이어	ពងទា
설탕	쓰꺼	ស្ករ
된장	떡씨이우	ទឹកស៊ីអ៊ីវ
간장	떡씨웅	ទឹកស៊ីអ៊ុង
소금	엄벌	អំបិល
고추	멋메	ម្ទេស
후추	머렛	ម្រេច
마늘	뜸쏘, 크뜸	ខ្ទឹមសរ

식품 145

양파	크톰바랑	ខ្ទឹមបារាំង
대파	실락크톰 톰	ស្លឹកខ្ទឹមធំ
쪽파	실락크톰 또울	ស្លឹកខ្ទឹមតូច
생강	크냐이	ខ្ញី
식초	떡크메	ទឹកខ្មេះ
참기름	뿌레잉 능어	ប្រេងល្ង
배추	쓰빠이복꼬	ស្ពៃបួកគោ
양배추	쓰빠이 끄다웁	ស្ពៃក្តោប
무	차이타으	ឆៃថាវ
상추	쌀랏	សាឡាត់
오이	뜨러쎄	ត្រសក់
야채	번라에	បន្លែ
버섯	프썰	ផ្សិត
쑥갓	땅아오	តាំងអោ
감자	덤로옹바랑	ដំឡូងបារាំង
고구마	덤로옹찌워어	ដំឡូងជ្វា
옥수수	뽀을	ពោត
콩나물	썬다익번더	សណ្ដែកបណ្ដុះ

식품 146

땅콩	썬다익	សណ្ដែក
깨	능어	ល្ង
생선	뜨라이	ត្រី
갈치	뜨라이뽀아떡뿌라	ត្រីពណ៌ទឹកប្រាក់
고등어	뜨라이쌈바	ត្រីស្បៃកា
조기	뜨라이쩡꿍삐	ត្រីធង់គូងពី
돔(다금바리)	뜨라이똑까에	ត្រីតុកែ
어름	떡꺼	ទឹកក
게	끄담	ក្ដាម
새우(강)	껍쁘	កំពីស
새우(바다)	벙끼어	បង្គារ
대하	벙껑	បង្គង
꼬막	뜨라이며양	ត្រីម្យ៉ាង
조개	리어썸모뜨러	លៀសសមុទ្រ
젓갈	뿌러혹	បហុក
액젓	떡뜨라이	ទឹកត្រី
쇠고기	쌋꼬	សាច់គោ
돼지고기	쌋찌룩	សាច់ជ្រូក

식품 147

닭고기	쌋모안	សាច់មាន់
오리고기	쌋삐이어	សាច់ទា
쏘세지	쌋끄럭	សាច់ក្រក
우유	떡더꼬	ទឹកដោះគោ
음료수	페써째아	ភេសជ្ជៈ
오렌지쥬수	떡끄로웃	ទឹកក្រូច
바카스	꼬쫄	គោជល់
아이스크림	까렘	ការ៉េម

식품 148

과일 플라에처으 ផ្លែឈើ

사과	플라에뻐옴	ផ្លែប៉ោម
포도	뚬빼앙 바이쭈어	ទំពាំងបាយជូរ
레몬	끄로웃 츠마	ក្រូចឆ្មារ
토마토	뻬잉뻐	ប៉េងប៉ោះ
배	플라에 뽀아	ផ្លែព័រ
바나나	째익	ចេក
망고	스와이	ស្វាយ
야자	플라에둥	ផ្លែដូង
두레안	뚜렌	ទូរេន
수박	아울락	ឪឡឹក
파인에풀	무노아	ម្នាស់
감귤	끄로웃틀렁	ក្រូចថ្លុង
버찌	플라에치어리	ផ្លែឈៀរី
딸기	스트러 베리	ស្ត្របេរី
월귤	부루베리	ប៊្លូបេរី
파파야	러홍	ល្ហុង

과일 149

맛 루우찌을, 풀루어 រសជាតិ / ភ្លក់

적당하다	르몸~	ល្មម
짜다	뿌라이	រសជាតិប្រៃ
싱겁다	싸압	រសជាតិសាប
달다	빠엠	រសជាតិផ្អែម
시다	쭈어	រសជាតិជូរ
쓰다	르윙	រសជាតិល្វីង
비리다	짜압	រសជាតិឆ្អាប
질기다	쓰윌	រសជាតិស្វិត
맵다	할	រសជាតិហឹរ
맛있다	칭안	រសជាតឆ្ងាញ់
맛없다	엍칭안	អត់ឆ្ងាញ់
차다	뜨러찌아	ត្រជាក់
뜨겁다	끄따으	ក្តៅ

식기류 짠, 슬랍뿌리어 ចាន ស្លាបព្រា

밥솥	츠낭바이	ឆ្នាំងបាយ
냄비	츠낭	ឆ្នាំង
수저	쏠랍쁘리어	ស្លាបព្រា
젓가락	쩡꺼	ចង្កឹះ
칼	깜벗	កាំបិត
포크	썸~	សម
접시	짠	ចាន
잔	까에우	កែវ
도마	찌룬	ជ្រៃ
가위	껀뜨라이	កន្ត្រៃ
가스렌지	쩡그란 게야	ចង្ក្រានហ្គាស
상	똑얌바이	តុញ៉ាំបាយ
커피잔	뻥	ផែង
주전자	껌씨으	កំសៀវ
후라이펜	크메아차	ខ្ទះឆា
건조대	리어우짠	រវៃចាន
차주전자	빤	ប៉ាន

식기류 151

의류 썸리윽 봄뻬아 សំលៀកបំពាក់

신사복	아으톰미 으몌앙아우까	អាវធំមានទាំងអាវកាក់
양장	카오아우 뭐이썹브럽	ខោអាវមួយសំរាប់
드레스	썸뽈루읍	សំពត់រូប
와이셔츠	아으 쎄미	អាវសិមិស
블라우스	아으 쓰라이	អាវស្រី
치마	썸뽈 (씨읍)	សំពត់(ហ្សីប)
브레지어	아우뜨러노압쓰라이	អាវទ្រនាប់ស្រី
거들	카오 륄 뜨러끼억	ខោវិតត្រក្បេក
속치마	아우능썸뽈뜨러노압쪼압크너어	អាវនិងសំពត់ទ្រនាប់ជាប់គ្នា
내의	아우 뜨러노압	អាវទ្រនាប់
삼각펜티	카오뜨러노압비키니	ខោទ្រនាប់ ប៊ីឃីនី
사각펜티	카오뜨러노압클라이	ខោទ្រនាប់ខ្លី
진(청바지)	카오 코우보이	ខោខូវប៉ោយ
바지	카오쫑 웨잉	ខោជើងវែង
반바지	카오 쫑 클라이	ខោជើង ខ្លី
운동복	카오 께일라 쫑웨잉	ខោកីឡាជើងវែង

의류 152

유니폼	아익 썬탄	ឯកសណ្ឋាន
스웨터	아우유을 끄라	អាវយឺតក្រាស់
T-셔츠	아우유을 쓰다잉	អាវយឺតស្តើង
스웨터	아우께일라 다이웨잉	អាវកីឡាដៃវែង
상의(스포티)	아으 께일라 톰	អាវកីឡាធំ
목셔츠	아으유을 본로알꺼	អាវយឺតពន្លាត់ក
양말	쓰라옴 쫑	ស្រោមជើង
스타킹	쓰라옴쫑웨잉 뜨럼플러으	ស្រោមជើងវែងត្រឹមភ្លៅ
펜티스타킹	쓰라옴쫑나이롱 쓰뎅미은카오	ស្រេមជើងនីឡុងស្តើងមានខោ
잠옷	썹리윽봄뻬아께잉	សំលៀកបំពាក់គេង

의류 153

색채	뽀아	ពណ៌
빨강색	뽀아 끄러험	ពណ៌ក្រហម
주홍색	뽀아 끄러험찌알	ពណ៌ក្រហមឆ្នាល
노랑색	뽀아 르은	ពណ៌លឿន
초록색	뽀아 바이떵	ពណ៌បៃតង
파란색	뽀아 키우	ពណ៌ខៀវ
남색	뽀아 푸메이메이	ពណ៌ផ្ទៃមេឃ
보라색	뽀아 스와이	ពណ៌ស្វាយ
분홍색	뽀아 푸까추우	ពណ៌ផ្កាឈូក
흰색	뽀아 써	ពណ៌ ស
은색	뽀아 쁘라	ពណ៌ទឹកប្រាក់
자주색	뽀아 트나울 짜	ពណ៌ត្នោតចាស់
오랜지색	뽀아 떡끄로옷	ពណ៌ទឹកក្រូច
금색	뽀아 미어	ពណ៌មាស
갈색	뽀아 트나울	ពណ៌ត្នោត
회색	뽀아 쁘러페	ពណ៌ប្រផេះ
검정색	뽀아 크마으	ពណ៌ខ្មៅ
무지개	안토누우	ឥន្ទធនូ

색채 154

요일크농 모이아뜓 ក្នុងមួយអាទិត្យ

일요일	퉁아이 아뜓	ថ្ងៃអាទិត្យ
월요일	퉁아이 짠	ថ្ងៃចន្ទ
화요일	퉁아이 엉끼어	ថ្ងៃអង្គារ
수요일	퉁아이 봇	ថ្ងៃពុធ
목요일	퉁아이 쁘러호와	ថ្ងៃព្រហស្បតិ៍
금요일	퉁아이 쏙	ថ្ងៃសុក្រ
토요일	퉁아이 싸으~	ថ្ងៃសៅរ៍

카렌더 뿌러떼띨 ប្រតិទិន. បដិទិន

1 월	마까라	មករា
2 월	꿈페아	កុម្ភៈ
3 월	미나	មិនា
4 월	메이싸	មេសា
5 월	욱써피어	ឧសភា
6 월	미토나	មិថុនា
7 월	깍까다	កក្កដា
8 월	쎄이하	សីហា
9 월	깐냐	កញ្ញា
10 월	똘라	តុលា
11 월	위체까	វិច្ឆិកា
12 월	뚜누	ធ្នូ

동물   쌀 សត្វ(십이간지)

쥐	껀덜	កណ្ដុរ	츠남쭈울	ឆ្នាំជូត
소	꼬오	គោ	츠남츨로우	ឆ្នាំឆ្លូវ
호랑이	클라톰	ខ្លាធំ	츠남칼	ឆ្នាំខាល
토끼	뚠싸이	ទន្សាយ	츠남터	ឆ្នាំថោះ
용	니끼리읔	នាគរាជ	츠남롱	ឆ្នាំរោង
뱀	뿌어	ពស់	츠남머싼	ឆ្នាំម្សាញ់
말	쎄	សេះ	츠남머미	ឆ្នាំមមី
양	찌음	ចៀម	츠남머메	ឆ្នាំ មមែ
원숭이	쓰와	ស្វា	츠남웍	ឆ្នាំវក
닭	모안	មាន់	츠남껄	ឆ្នាំកល់
개	치까에	ឆ្កែ	츠남로까	ឆ្នាំរកា
돼지	찌룩	ជ្រូក	츠남쩌	ឆ្នាំ ច

고양이	츠마	ឆ្មា
개미	쓰로마웃	ស្រមោច
거미	삥삐응	ពីងពាង
참새	짭~	ចាប
제비	뜨러찌윽깜	ត្រចៀកកាំ
오리	띠어	ទា
거위	껭안	ក្ងាន
도마뱀	찐쩨, 똑까에	តុកកែ
사자	따오	តោ
곰	크라크몸	ខ្លាឃ្មុំ

숫자 쯤누운 ចំនួន

1. 하나   모이   មួយ
2. 둘   삐   ពីរ
3. 셋   바이   បី
4. 넷   부언   បួន
5. 다섯   뿌람   ប្រាំ
6. 여섯   뿌람모이   ប្រាំមួយ
10. 열   덥   ដប់
11. 열하나   덥모이   ដប់ មួយ
20. 스물   머파이   ម្ភៃ
30. 서른   쌈썹   សាមសិប
40. 마흔   싸에썹   សែសិប
50. 쉰   하썹   ហាសិប
60. 예순   혹썹   ហុកសិប
70. 일흔   쩰썹   ចិតសិប
80. 여든   빠엣썹   ប៉ែតសិប
90. 아흔   까으썹   កៅសិប
100   모이로이   មួយយេ

천	모이뽀안	មួយពាន់
만	모이먼	មួយម៉ឺន
십만	모이싸인	មួយសែន
백만	모이리언	មួយលាន

방향　뜨 ទិស

동쪽	뜨캉까울	ទិស ខាង កើត
서쪽	뜨캉롓	ទិស ខាង លិច
남쪽	뜨 캉드봉	ទិស ខាង ត្បូង
북쪽	뜨캉쫑	ទិស ខាង ជើង
북동쪽	뜨 아이싼	ទិស ឧឞាន
남동쪽	뜨 아끄네	ទិស អាគ្នេយ៍
남서쪽	뜨 니르따이	ទិស និរតី
북서쪽	뜨 삐어요압	ទិស ពាយ័ព្យ
위	캉르	ខាងលើ
아래	너으캉그라옴	ខាងក្រោម
안쪽	너으 캉크농	នៅខាងក្នុង
밖	너으 캉그라으	នៅខាងក្រៅ
앞쪽	너으 캉목	នៅខាងមុខ
뒤쪽	너으 캉그라으이	នៅខាងក្រោយ
왼쪽 회전	벝츠웨잉	បត់ឆ្វេង
오른쪽회전	벝쓰담	បត់ស្ដាំ
코너	너으깟쭈룽플러으	នៅកាច់ជ្រុងផ្លូវ

인체 클루운 싸라이리응 ខ្លួន.សីរាង្គ

머리	끄발	ក្បាល
뇌	쿠어 끄발	ខួរក្បាល
두발	써	សក់
얼굴	목	មុខ
이마	틍아	ថ្ងាស
눈썹	찐짜옴	ចិញ្ចើម
속눈썹	놈프네익	រោមភ្នែក
눈	프네익	ភ្នែក
눈꺼풀	뜨러벅 프네익	ត្រប៉កភ្នែក
코	쯔러무	ច្រមុះ
귀	뜨러찌억	ត្រចៀក
입술	버보모앝	បបូរមាត់
입	모앝	មាត់
치아	트멘	ធ្មេញ
잇몸	언찌은트멘, 쫑트멘	អញ្ចាញធ្មេញ / ជើងធ្មេញ
혀	언닽	អណ្ដាត
턱	트까옴	ថ្គាម

목	꺼	ក
어깨	쓰마	ស្មា
등	크농	ខ្នង
가슴	뚜루옹	ទ្រូង
유방	더, 쏘던	ដោះ. សុដន់
복부	뿌어	ពោះ
배꼽	푸썰, 니어피	ផ្ចិត. នាភី
허리	쩡께	ចង្កេះ
팔	다이	ដៃ
팔굽치	까엥 다이	កែងដៃ
손목	꺼다이	កដៃ
손	다이, 하타	ដៃ. ហត្ថា
손가락	무리음 다이	ម្រាមដៃ
손톱	끄럿쩨 다이	ក្រចកដៃ
손바닥	밭 다이	បាតដៃ
둔부	껌뻬꿑	កំប៉េះគូទ
엉덩이	뜨러끼억	ត្រគាក
성기(여)	요니	យោនី
(남)	끄더	អង្គជាតិ(ក្ដ)

인체 163

항문	뛰위어톰	ទ្វារធំ, ទ្វារលាមក
다리	쫑	ជើង
허벅지	플러으	ភ្លៅ
무릎	쩡꿍	ជង្គង់
종아리	껌푸운 쫑	កំភួនជើង
발	뿌러읍 쫑	ប្រអប់ជើង
발목	까엥 쫑	កែងជើ
발가락	무리음 쫑	ម្រាមជើង
발톱	끄러쩌 쫑	ក្រចកជើង
발바닥	밭 쫑	បាតជើង
뒷굽치	까엥 쫑	កែងជើង
목구멍	범뽕 꺼	បំពង់ក
폐,허파	쑤읕	សួត
심장	베도웅	បេះដូង
간장	틀라음	ថ្លើម
담, 쓸개	뿌러모앋	ប្រមាត់
위장	끄로뻬아	ក្រពះ
내장	뿌어위은	ពោះវៀន
동맥	써싸이치음끄러험	សរសៃឈាមក្រហម

인체 164

정맥	싸싸이치음 크마으	សរសៃឈាមខ្មៅ
신장	끄러 리은	ត្រលៀន
췌장	롬뼁	លំពែង
방광	브라옥노음	ប្លោកនោម
근육	쌀돔	សាច់ដុំ
뼈	쩌응	ឆ្អឹង
신경	싸싸이 쁘러쌀	សរសៃប្រសាទ
피부	쓰바익	ស្បែក
척추	쩌응크농	ឆ្អឹងខ្នង
골반	쩌응 뜨러끼억	ឆ្អឹងត្រគាក
골격	끄롱 쩌응	គ្រោងឆ្អឹង
두개골	쩌응로리어 끄발	ឆ្អឹងលលាដ៍ក្បាល
흉곽	쩌응 쫌니	ឆ្អឹងជំនី

캄보디아의 지방 ក្រុងនិងខេត្តនៅស្រុកខ្មែរ

끄롱(시) ក្រុង

끄롱 쁘놈뻰	ក្រុងភ្នំពេញ
끄롱 까엡	ក្រុងកែប
끄롱 쁘레아씨아누	ក្រុងព្រះសីហនុ
끄롱 빠에린	ក្រុងប៉ៃលិន

카엩(지방) ខេត្ត

밭땀벙	បាត់ដំបង
껌뽕짬	កំពង់ចាម
껌뽕츠낭	កំពង់ឆ្នាំង
껌뽕쓰쁘	កំពង់ស្ពឺ
껌뽕톰	កំពង់ធំ
껌뽓	កំពត
껀달	កណ្ដាល
꼬꽁	កោះកុង
끄러쩨	ក្រចេះ
몬돌끼리	មណ្ឌលគីរី
뽀쌀	ពោធិសាត់

쁘레이웽	ព្រៃវែង
로따나끼리	រតន៣គិរី
씨므우렙	សៀមរាប
쓰뎡뜨라엥	ស្ទឹងត្រែង
스와리엥	ស្វាយរៀង
따까에우	តាកែវ
쁘레아위히어	ព្រះវិហារ
번디어민쩨이	បន្ទាយមានជ័យ
읃더민쩨이	ឧត្តរមានជ័យ

두음절의 발음 연습

$$C1 - \underset{V1C3}{\overset{C2V2}{ប៊ុន្ទាន}} - C4$$

이 단어는 두개의 음절을 가지고 있다.

이 단어에 표시된 순서 데로 발음 연습을 하여 봅시다

1. c1 은 첫 번째 음절의 자음발음은   "ㅃ"
2. v1 은 c1 의 모음발음은   "ㅗ"
3. c2 은 c1 의 마지막 자음발음은   "ㄴ"
4. c3 은 밭침이다(아무 자음이라도 사용가능).
   이 밭침은 자음 밑에다 붙혀 쓰며발음은   "ㅁ"
5. v2 는 c3 의 모음(c2 밑의 자음) 발음은   "ㅏ"
6. c4 는 두번째 음절 c3 의 자음 발음은   "ㄴ"
7. 1 ~ 3 까지의 발음은   "쁜"
   4 ~ 6 까지의 발음은   "만"= "쁜만"